目からうろこ!

故事ことわざ四字熟語

会話に役立つ

中村博英

評論社

はじめに

よくことわざを口にする大人は、子どもが何か悪いことをしたときに「仏の顔も三度までだぞ」と言ったり、失敗を繰り返すと「二度あることは三度ある」と言ったりします。だから子どものころは、ことわざは聞いていていい気持ちのものではありませんでした。

しかし、「石の上にも三年」と我慢をすることのたいせつさを教えるものがあるかと思えば、「転がる石には苔《こけ》がむさない」と反対のことばがあることも知るとすこし明るい気持ちになるのはわたしだけでしょうか。

この本を書くにあたり、ことわざ・四字熟語に関する小学校や中学校の学力テスト、高校入試、大学入試、就職試験、大人向けのクイズ本など数多くの問題を調べました。予備校や高校・大学の学生に「好きな四字熟語」をたずねてみることもしました。そしてわかったことは、日本人の生活にことわざや四字熟語が深く根ざして生き続けているということ、使い方の正否が厳密に言われはじめたのは近年であるということでした。

そこで出典や故事を調べ、本来の使い方を知ることに努めました。一方で、現代の使い方は今の私たちの現在の社会、生活の反映であることも考え、ことばの新たなる意味を見いだすことも試みました。

楽しいイラストがふんだんにあります。その項目のタイトルを読んだら、絵をみて、どのようなオチがまっているか想像し楽しみながら読んでいただければ幸いです。

中村　博英

目次

第2章　まちがいやすい 故事 ことわざ

第3章　仏教から出た 故事 ことわざ 四字熟語

付録

第1章

会話での故事ことわざ四字熟語

愛情 1

偕老同穴（かいろうどうけつ）

意味

生きてはともに老い、死しては同じ穴に葬られるという意味で、夫婦が仲睦《むつ》まじく連れ添うことのたとえ。

使い方

●「偕老同穴とはいうけれど、わたしは死んだら亭主と同じ墓に入るのはまっぴらだわ」

▼人と人との関係は、昔ならば、主君と臣下は「忠」によって結ばれていました。今も、親と子は「慈」や「孝」、友人とは「信」でつながっているのです。嘘《うそ》をつくような人を友人には持ちたくありません。

では、恋人や夫婦を結びつけるものは何でしょうか。それは、やはり「愛」だと思うのですが、親子や会社などに対する愛情とは別の種類のものと思われます。親はどんなにひどい親でも捨てることはできません。ひどいことをしても嘘をついても、関係が悪くなっても、その関係が切れてなくなることは稀《まれ》です。肉親の情というものです。血は水よりも濃いとも

いいます。
夫婦は苦楽を共にしながら老いることで、家族となっていくのです。
さて、平安の貴族の一夫多妻（一夫一正妻多妾《たしょう》）制では、妻のみんなが夫と同じ墓に入ることはあり得ません。男が女の家に通う妻《つま》問《ど》い婚の場合は、女の人は実家にいるままなので、おそらく、死後も生家の墓に葬られたようです。

出典　中国の最も古い詩集である『詩経』の、邶風《はいふう》「撃鼓」に「子《し》と偕《とも》に老いん」（あなたとともに歳老いよう）、王風「大車」に「死せば則《すなわ》ち穴を同じくせん」（死んだら必ず一緒の墓に入りましょう）とあることによります。

愛情 2

恋《こい》は思案《しあん》の外《ほか》

意味

恋というものは理性を失うから、その成りゆきは常識では考えられないものであるということ。

使い方

●「地位も名もある有名大学の教授がどうして教え子と駆け落ちするのかね」「それは、恋は思案の外というから、恋したら教養の高さも名誉や地位も関係ないということよ」

▼「恋」には「落ちる」や「破れる」という表現を使います。それは、始まりからして人のコントロールがきかないからのようです。恋とはなんでしょうか。仏教では「愛」は「執着《しゅうじゃく》」であまりよくないものと考えられましたが、「恋」は万葉の昔から人だけでなく、土地や植物、季節などを思い慕う場合に使われていました。その『万葉集』では、「恋」という部立《ぶだ》てではなく、「相聞《そうもん》」という相手の安否を問い、互いの消息を述べることばが、私的な心情を述べる「恋歌」の意味で使われています。

平安時代の『古今和歌集』では、「恋」という部立てがあり、始まりは初恋の歌です。

時鳥《ほととぎす》鳴くや五月《さつき》のあやめ草あやめも知らぬ
恋もするかな　（よみびと知らず）

好きな人を思って眠れない、恋をする人が最初に聞くというホトトギスの声が、恋の心を刺激します。五月の梅雨の時期は男の人が通いにくい季節でもあります。ますます募る恋心。しかし、この恋は、どうなってしまうかわからない、文目《あやめ》（道理・分別）も知らぬ恋なのです。

類語　恋は人の外・恋は闇・恋は盲目・恋は曲者《くせもの》

英語　Love is blind.（恋は盲目）

愛情 3

相思相愛（そうしそうあい）

意味

互いに慕い、愛し合うこと。

「相思」は、互いに思い合うこと。「相愛」は、互いに愛し合うこと。それぞれ単独でも使われます。

使い方

●「今年のドラフト会議の結果は、球団と相思相愛の選手を指名して、意外なドラマはなかった」

●「いつのまに、こんな素敵な人と相思相愛の仲になったの？」「最初は私の片思いかと思っていたけど、向こうも好きだって言ってくれて」

▼人の幸せの中でも、思い思われるほどよいものはありません。恋愛はもちろんですが、就職などでも、意中の相手から「好きです」とか「うちの社にぜひ来ませんか」などと言ってもらえたら、天にも昇る気持ちになるでしょう。

大学受験のために何年も浪人して合格を果たした時の達成感は一入《ひとしお》です。

しかし、人の世はままならないものです。プロ野球のドラフト会議で涙する選手を見るとかわいそうだなと思うと同時に、人生はそんなに甘いものじゃないよ、でもそれが人生だよと予想もしていなかった選手の未来を応援したくもなるのです。

わたしたちは好きな相手から拒絶されることを怖がるあまりに、好きだと言うこともためらいがちです。実際に好きな相手の前では何も言えなくなることもあります。でも、棚から牡丹餅《ぼたもち》が降ってくるのを期待していてもうまくいきません。うまくゆく恋は恋じゃないというくらいの気持ちで当たって砕けろといきましょう。

愛情
4

百年《ひゃくねん》の恋《こい》も一時《いちじ》に冷《さ》める

意味

ある欠点などを見つけたために、長い期間にわたる恋心もいっぺんに冷めて消えること。恋愛だけでなく、長い間熱中していたことに急に興味を失うことにもいう。

使い方

●「どう、幼なじみの彼とはうまくいってる?」
「それがね、最近彼のちょっとした癖が気になって別れたのよ」
「百年の恋も一時に冷めたわけね」

▼サッカーや野球など一つのチームを子どものころから長年応援しつづけている人も多いことでしょう。しかし、経営者が変わりチーム編成が急に変わったりするとそれまでの熱狂が嘘《うそ》のように冷めてテレビでさえ見なくなることがあります。
恋愛において人はもともと「ほれた」状態にあります。これは、正常な判断力を失ったときに近いものです。片目をつぶってものごとを見るようなものです。

『伊勢《いせ》物語』では、女が自分で飯を盛るのを男が見て、その女のもとに行かなくなる話があります。

あばたもえくぼといわれますが、恋が冷めるとあばたはやはりあばたにしか見えなくなるのです。それまでは見えていなかったものが気になるのは、茫然《ぼうぜん》自失《じしつ》の「ほれた」状態から冷めたということでしょう。

人の心は移ろいやすいものといわれます。男心（女心）と秋の空です。変化の激しい今の世の中では「百年の恋」は奇跡かもしれません。

英語　That would destroy even the most longlasting love.（あれでは百年の恋も一時に冷める）

愛情 5

比翼連理（ひよくれんり）

意味

「比翼の鳥、連理の枝」の略で、男女の深い契りのたとえ。

使い方

●「私のこと好き?」「もちろん好きだよ」「どのくらい好き?」「死んで生まれ変わってももう一度一緒になりたいと思うくらい」「比翼連理ということね」

▼「比翼の鳥」は、辞書では「二羽の鳥が互いにつばさをならべること」などと説明されます。いつも寄り添っている「鴛鴦（オシドリ）」のイメージです。しかし、中国では、オスとメスの体が一体となった、すこしグロテスクな伝説上の鳥を指します。

また、「連理の枝」も、二本の木が枝を並べているのではなく、二本の木が一体となっている状態をいいます。京都・下賀茂神社にも縁結びの樹として祀《まつ》られています。

出典 中国唐の時代、玄宗《げんそう》皇帝と楊貴妃《ようきひ》の悲恋は、詩人の白居易《はくきょい》（楽天）によって『長《ちょう》

恨歌《ごんか》』に歌われました。白居易の詩文は『白《はく》氏文集《しもんじゅう》』として、早くから日本に伝わりました。平安時代の中ごろに、清少納言《せいしょうなごん》や紫式部もこれを読んでいます。

「天に在《あ》っては願わくは、比翼の鳥と作《な》り、地に在っては願わくは、連理の枝と為《な》らん」

（空飛ぶものに生まれ変わったら、つばさを交わす鳥となり、地にあるものに生まれ変わったら、枝を交わす木となろう）

古典の世界では、夫婦の仲もこの世（現世）だけの運命ではなく、前世からの契りがあると考えます。袖振り合うも他生（多生）の縁ともいいます。私たちの恋も前世からの運命で決まっているのかも。

類語　比翼の鳥

学問・知識 1

器用貧乏（きようびんぼう）

意味

何をしても人並み以上のことができるために、一つのことに徹しきれないで大成しないこと。

使い方

●「彼は頼めばなんでもできるから、雑用ばかり頼まれているね」「そうなんだよ。器用貧乏は大成しないといわれるからかわいそうだ」

▼「器用」は漢文では、「役に立つ才能（の持ち主）」を指しますが、日本では、「手先がきいて何事もじょうずなこと」を意味します。「手先が器用だ」とか「器用にできた」などといいます。細工の細かい点をほめるときにも使いますが、頭の回転がはやく、要領のよい人に皮肉を込めて「器用に立ち回ったね」ともいいます。これは、「君子は多能を恥ず」〈『論語』〉の考えからきているのでしょう。

私たちは、何かの専門家になりたがります。自分の専門外の分野で意見が言えないことを悔しくも思うものです。兼好法師も「何かある一つの専門の道にたずさわる人が、専門外の

席に出て、『ああ自分の専門ならだまってみてはいないのに』と言い、心に思っているのはよくない」と言っています。

「器用貧乏」は「人宝《ひとだから》」ともいいます。他人には重宝がられるけれど、本人は便利屋さんとして使われるだけで一向に出世しない大成しないということもあるでしょう。しかし、現代は、コンピュータが使え、歌って踊れて数か国語が話せてなど、マルチなタレントを持った人が人からも頼られ、「貧乏」どころか「富裕」になれる可能性が大きいのです。

類語　器用貧乏人宝・細工貧乏人宝・巧者貧乏人宝・多芸は無芸

英語　Jack of all trades and master of none.（ジャックはあらゆる商売をやるが、どれも名手ではない）

曲学阿世（きょくがくあせい）

意味

真理を曲げて、時勢に迎合すること、世の中の人に受け入れられようとすること。

使い方

● 政治家が曲学阿世の学者を利用して、間違った政策を推し進めようとしている。

● 「教授を曲学阿世の徒《と》だとは思いません」

▼「学を曲げて」とは、たとえば自分の先生の学説が間違っていても世の中にその間違いを発表せず隠しているようなことをいいます。「世に阿《おもね》る」は、自分の気持ちを曲げて世の中の大勢に、あるいは権力者の意向に従うことです。

ですから、「曲学阿世」は時の政権に都合のよいことを言って、補助金をたくさん受け取ったり地位を得たりしている学者に向けて、非難のことばとして使われます。

本来は、逆の使い方で、りっぱな学問を積んだ学者が、いい加減なことをして世の中をほ

しいままにしようとしている政治家に対して使ったことばです。今は政治家に媚《こび》を売る学者に向かって使われるようです。

出典　司馬遷《しばせん》の『史記《しき》』の「儒林伝《じゅりんでん》（儒《じゅ》家《か》の伝記）」

「公孫子《こうそんし》、正学《せいがく》を務めて以《もっ》て言え、曲学《きょくがく》、以《もっ》て世に阿《おもね》ること無かれ」（公孫先生よ、正しい正統の学問を身につけて自己の主張をしなさい。いい加減な学問で、世に迎合してはいけない）

この出典からですと、「曲学」は「学を曲げて」の意味ではなく、「正学」と対をなす「曲学（間違った学問、いい加減な学問）」の意味で使われています。「曲学阿世」とは、いい加減な間違った学問で世の中に迎合してはいけないということかもしれません。

類語　阿諛迎合《あゆげいごう》

学問・知識
3

蛍雪《けいせつ》の功《こう》

意味

長い年月、生活の苦しさの中で学問に励み、苦学の末に成功すること。

使い方

● 彼は、はやくに両親を亡くしたけれど、蛍雪の功を積んで学校を卒業し、りっぱに社会人としてやっている。

▼ かつて部屋の明かりは「蛍光灯」が主流でしたが、今やLEDが普及し、この「蛍光灯」ということばを聞くことが少なくなっています。文房具の「蛍光ペン」や衣類の「蛍光色」に「蛍光」ということばは残っています。

宮本輝《てる》の小説『蛍川《ほたるがわ》』を原作とした映画では、帯となって流れるように集まる蛍が少女のスカートにつき、それを振り払おうとすると光の波ができるという幻想的なシーンがありますが、小さな虫である蛍は元来一時期に大量発生して水面にたくさん現れる虫でした。『枕《まくらの》草子《そうし》』には「夏は夜。蛍の多く飛びちがいたる」とあります。

さて、苦学のほうですが、日本中の多くの学校には薪を背負いながら書を読む「二宮尊徳像」がありましたがこれも姿を消しつつあります。しかし、経済的な苦しさの中で学ぼうとする学生は日本でもまだまだいます。

故事　中国、晋《しん》の謝胤《しゃいん》は家が貧しく夜の明かりのための油を買うこともできず、夏は数十の蛍を絹の袋に入れてその明かりで勉強し、のちに尚書《しょうしょ》省次官にまでなりました。また、孫康《そんこう》も家が貧しく油が買えなかったので、冬の夜は窓辺の雪明かりで書を読み、のちに御史大夫《ぎょしたいふ》（＝官吏《かんり》を取り締まる役所の長官）にまで出世しました。〈『晋書《しんじょ》』、『蒙求《もうぎゅう》』〉

類語　雪を積み蛍を集める・蒲《ほ》を編む

英語　It smells of the lamp.（ランプの匂いがする）

学問・知識 4

少年老《しょうねんお》い易《やす》く学成《がくな》り難《がた》し

意味

年月の過ぎ去るのは早いもので、若い者はすぐに年をとり、それに反して学問はなかなか成就しがたいものである。だから、若いうちはほんの短い間もおろそかにせず、学問に励まなければならないということ。

使い方

●「若いうちに学問を積んでおかないと将来後悔することになるよ」「知ってるよ。少年老い易く学成り難しだろう」

▼長寿社会となった今日、何歳になっても学問を始めるのに遅いということはありません。たしかに、五十歳を過ぎてから新しい学問を学び成果を挙げている人や、作家としてデビューを果たす人もいます。しかし、人間の基礎は若いうちにつくられるものですし、世の中の常識といわれるものにとらわれずにものごとを見ようとする心は、若者の特権です。

出典

中国、宋代《そうだい》の朱熹《しゅき》の詩『偶成《ぐうせい》』（たまたまできた詩）のことば。

少年老《しょうねんお》い易《やす》く学成《がくな》り難《がた》し
一寸《いっすん》の光陰軽《こういんかろ》んずべからず

未《いま》だ覚《さ》めず池塘春草《ちとうしゅんそう》の夢《ゆめ》
階前《かいぜん》の梧葉《ごよう》已《すで》に秋声《しゅうせい》

（若い者はすぐに老いやすいが、学問はなかなか成就しがたい。わずかな時間もむだに過ごしてはならない。池の堤《つつみ》に春草が萌《も》え出た頃の楽しい思い出からいつまでも覚めないでいるうちに、庭の青桐《あおぎり》の葉には秋風の音を聞く）

前の二句からは、「刻苦勉励」、「鉄は熱いうちに打て」などということばも浮かびます。後の二句、儚《はかな》い春の夢が青春時代にたとえられ、青桐の一枚が落ちて秋の到来を知るという季節の描写が心に刺さります。

類語　少年に学ばざれば老後に知らず・少壮《しょうそう》努力せず老大徒《ろうだいいたずら》に傷悲《しょうひ》す

英語　The day is short, and the work is much.（日は短く、仕事は多い）

学問・知識
5

和魂洋才（わこんようさい）

意味

日本の固有の精神を堅く守りながら、西洋の優れた学問や知識、産業や技術などを受け入れること。

使い方

● いくら英語を習ったからといって、アメリカ人やイギリス人とまったく同じになる必要はない。和魂洋才で、日本人の魂を持ちつづけて新たなよいものを生み出してほしい。

▼ 平安時代の菅原道真《すがわらのみちざね》は「漢才《かんさい》（学）」の大家であり、死んでから「天神様《てんじんさま》」として崇《あが》められました。学問の神様として有名です。道真は漢文（中国語）を理解し、中国の優れた学問や制度を日本に取り入れようとしました。漢詩も数多く残しています。

一方、ライバルの藤原時平《ふじわらのときひら》は「大和魂《やまとだましい》」の人でした。この場合の「大和魂」は「実生活を処理していく知恵・才覚・胆力」の意味です。いくら外国に倣《なら》った優れた制度を導入しても、実際に日本の国に根付き機能させるのは容易ではありません。時平は天皇と心を合わせ

苦心して国の政治を執ったのです。

鎌倉時代には「和魂漢才」という四字熟語が見られるようになります。

また、明治時代には「士魂商才（武士の魂と商人の才能）」ということばがあります。

明治になると最新の知識や学問は西洋から吸収するようになります。国会や郵便制度、軍隊も西洋の強国をモデルとするようになります。そして「和魂洋才」ということばが生まれます。日本に役立つものを西洋から摂取すべきだという考え方です。

「和魂漢才」も「和魂洋才」も、主となるのは「和魂」であり、外国の優れた学問・知識を入れても、日本人としての主体は失わないという考えが基調にあるのです。

関連語　和魂漢才・士魂商才

家庭・親子
1

一家団欒（いっかだんらん）

意味

一家族がみんなで集まってなごやかに楽しみ過ごすこと。

使い方

●「昔はよくテレビの番組の挨拶で『皆様、一家団欒のひと時をテレビの前でお過ごしください』とか言ってたよね」
「そう、でも今は家族がいても一人ひとり好きな番組だけを観《み》ているのがふつうになったから『テレビの前で』の一家団欒はないね」

▼「団」も「欒（圝）」も丸く集まることで、「団欒」は集まって車座に座ることです。団体で花見やハイキングをしてお弁当を食べるときなどに、みんなの顔が見えるように座ります。そこから、親しい者が集まってなごやかなときを過ごすことをいいます。居酒屋では毎晩のようにあちらこちらで団欒するようすが見られるのです。

なごやかなようすを表す語としては「和気《わき》藹藹《あいあい》」ということばもよく耳にします。「藹藹」

はものの盛んなさまで、うるおいのある、おだやかなようすです。靄《もや》のたなびくようすにもいいます。

さて、「一家」ですが、これは「家族みんな」の意味です。

最近では、仲のよい家族でも、父親の単身赴任や子どもの受験などで家族がそろって食卓を囲むことも少ないと思われます。ＳＮＳ（ソーシャル・ネットワーク・サービス）などの最新技術を使って遠く離れた家族とコンピュータの画面越しに会話のできるよい時代ではあるのですが、身近にいて生の声を聞くことのできる家族との関係をたいせつにすることをもう一度考えてみることが必要ではないでしょうか。

類語　家族団欒

家庭・親子
2

親《おや》の心《こころ》子《こ》知《し》らず

意味

親が子のことを心配して思う心は子に通じにくく、子は勝手なふるまいをするものだということ。

使い方

●「親の心子知らずとはほんとによくいったものだ。親がこんなに心配しても、電話の一本もかけてこないなんて」

▼このことばは、本当の親でなくとも、たとえば学校の先生や会社の上司が、生徒や部下の勝手なふるまいを目にして使うこともできます。

また、「子を持って知る親の恩」ともいいます。子どもを持ち、自分が親になって初めて、子を思う「親心」というものが理解できるのです。

少子化の今日、親は、少ない子どもにお金と時間をかけて最高の教育を与えようとします。子どもの将来を見通して先回りをして、障害物を取り除こうするのです。これでは、子どもは親の考えや気持ちを理解するはずがありません。親は子どもたちに、「親はなくとも子は

育つ」という自立して生きる力をつけさせることが必要なのです。

幕末の志士、吉田松陰《よしだしょういん》は、安政《あんせい》の大獄《たいごく》で投獄されたとき、自ら死罪を主張し、斬首刑に処せられました。家族へ宛てた辞世《じせい》の歌に、

親思ふ　こころにまさる　親心
けふのおとづれ　何ときくらん

（子が親を思う心以上に親が子を思う心は深いといいます。今日のわたしの死の知らせをどのように聞いているのでしょうか）

があります。これは、親の心がわかっていながらも天下国家のために身をささげる松陰の決意とそのために家族に悲しい思いをさせることを許してほしいという願いなのです。

類語　親の思う程子は思わぬ・親は子を思えど子は親を思わず

家庭・親子
3

親《おや》の欲目《よくめ》

意味

親は自分の子のことになると、どうしても評価が甘くなり、なにかとわが子が一番だとしがちであること。

使い方

●「親の欲目でいうのではないが、やはりこの子の絵が一番うまいなあ」
「そこまでくると、親ばかだね」

▼親は子どもに大きな期待をします。他の子よりもうちの子がよくできてほしい。りっぱであってほしい。絵画に習字、ピアノにバイオリン、サッカー、水泳、ダンスにいたるまでなんでも競争の種になります。
うちの子が一番だと応援するのはいいけれど、競う心が暴走すると、「なんでこんなことができないの！　誰だれちゃんはできるのに」と言って子どもを叱ったり極端になると殴ったりする親が出てしまいます。お受験の教室帰りや、運動競技などの試合帰りの親子によくあるパターンです。

京都で秋に行われる「時代祭り」に登場する中世婦人のひとり、阿仏尼《あぶつに》（藤原為家《ふじわらのためいえ》の側室）は、息子二人の和歌を見て、その成長に涙します。そのとき、

「心の闇のひが目にこそはあらめ（親の欲目で見間違いであろう）」と言っています。

これは、

人の親の心は闇にあらねども子を思ふ道に
惑ひぬるかな

という藤原兼輔《ふじわらのかねすけ》〈『後撰《ごせん》集』雑一〉の歌を下敷きとしています。

類語　親の欲目他人の僻目《ひがめ》・親の目は贔《ひい》屓目《きめ》・親に目無し・我が子の悪事は見えぬ

英語　The crow thinks her own birds fairest.（烏《からす》は自分の子どもが一番美しいと思っている）

家庭・親子
4

蛙《かえる》の子《こ》は蛙《かえる》

意味

子どもは親と似るものである。凡人の子はやはり凡人である。

使い方

●「若い時はあんなにいやがっていたのに、蛙の子は蛙ね。父の仕事を継ぐって言うなんて」

▼蛙、特にカジカガエルの鳴き声は万葉の昔からそのうつくしさが和歌に詠みつがれ、風流人のあこがれですが、ことわざでは「井《い》の中《なか》の蛙大海《かわずたいかい》を知《し》らず」（世間知らず）とか「蛙《かえる》の面《つら》に小便《しょうべん》」（厚かましいくらい鈍感）のようにあまりよくは扱われていません。

都会ではオタマジャクシやカエルを見ることも少なくなりました。しかし多くの小学校では今でも教室の中の水槽や校庭のビオトープでは、サカナのようだったオタマジャクシが足の生えたカエルへと大きく変わるのを観察をしているそうです。

子どもは親の背中を見て育ちます。自然と親に似るものです。もちろん「親に似《に》ぬ子は鬼《おに》

子《ご》」も「鳶《とんび》が鷹《たか》を生《う》む」こともありますが。

子どもは親に似ているといわれることに反発して、親と違う道を進もうとします。学校などで出あった友達に影響を受けたりもします。「朱《しゅ》に交《まじ》われば赤《あか》くなる」「親ずれより友ずれ」「類《るい》は友《とも》を呼《よ》ぶ」という具合に。しかし、嫌いだった親と同じ道を選んだり、本当に親とそっくりになったりするものです。

小さい時に「天才」「神童」と呼ばれた少年少女も、成長とともに並みの人となった場合、「やっぱり蛙の子は蛙でしかない」とあきらめの気分でつぶやくのです。

類語　瓜《うり》の蔓《つる》に茄子《なすび》はならぬ

反対語　鳶《とんび》が鷹《たか》を生《う》む

英語　Like father, like son.（父も父ならせがれもせがれ）

家庭・親子 5

孟《もう》母《ぼ》三遷《さんせん》の教《おし》え

意味

子どもの教育には、よい環境を選ぶことがたいせつであるという教え。

使い方

●「このあたりは文教地域だから、孟母三遷の教えにならって子どもの就学を機に引っ越してくる若い家族が多いそうだよ」

▼今の日本でも、子どもによい環境の学校を探して受験に力を入れる親や、災害のためにふるさとを離れ、子どものためのよい環境を求めて移住する家族はいます。いつの世にもどこにでも孟母はいて、子どもの教育とそのためのよい環境を求めています。

故事　「孟母」は中国古代の思想家孟子《もうし》の母のことで、『古列女伝《これつじょでん》』に子どもの教育のために、三度引っ越しをした話が伝わっています。

孟子は幼いころ墓地の近くで暮らしていました。孟子は近所の子らと葬式ごっこをして遊んでいました。孟子の母は「ここはわが子が住むのにふさわしい場所ではない」といって、

市場のそばに引っ越しました。すると孟子は今度は商人の駆け引きのマネをして遊びました。母はまた、ここもふさわしくないと思い、次は学校の近くへ引っ越しました。すると孟子は、祭礼の器を使って礼儀作法のマネをするようになりました。母はここが孟子の教育には最適だと思って居を定めました。

孟子の母は、元祖教育ママのようにいわれます。孟子は早くに父を亡くしたことから、母親が孟子の教育に力を入れたとされます。あるとき孟子が学問を途中でやめて家に帰ると、機織《はたお》りをしていた母は、今織っていた布を孟子の目の前で切り、「お前が今学問をやめるのはこれと同じことだ」と戒めたといいます。これは「孟母断機《もうぼだんき》」の故事です。

類語　孟母の三居・孟母断機

志 1

一念発起（いちねんほっき）

意味

それまでの悪業を悔い、心を改めて、悟りを開こうと発心すること。転じて、一般に今までの考えや行いを改めて、熱心になること。

使い方

●「また夜中まで遊び歩いて」「やりたい仕事が見つかった。これからは一念発起して、努力するよ」
●もう年だからいまさら何をやってもむだだと思っていたけれど、一念発起してダンスを習うことにした。

▼仏教語で、「一念発起菩提心《ぼだいしん》」の略です。「菩提心」は悟りを開こうとする心です。「発起」ということばは、会の発起人などとふつうに使われています。会を初めに起こした人です。「一念発起」は、ひたすら仏の悟りを開こうとすることです。すでに仏教に関係のあることばとは思われないほど、ひろく一般に使われることばとなっています。
このことばのたいせつさは、それまでの生活や考え方の失敗や悔しさから改め、新しいこ

とを思い切ってする点にあります。ただ漠然と改めるのではないのです。

一念発起はしたものの、いつも三日坊主でその気が失せてしまうことがあります。それがふつうの人間です。そこで、どうするか。

兼好法師は『徒然草《つれづれぐさ》』の中で、ある人が念仏を唱えていて眠くなって修行が疎《おろそ》かになるのをどうやって防いだらよいでしょうかとたずねたら、法然上人が、「目の覚めている時に念仏をしなさい」と教えたといいます。『論語』においても、「志」をたてることがすべての始まりといいます。

さあ、今までの生活を悔い改め、世のため、人のために何かを始めてみましょう。

類語　一念発心・一心発起

関連語　一念不退

志2

臥薪嘗胆（がしんしょうたん）

意味

目的を達成するために、時機を待ち、苦しい努力を続けること。やわらかな布団には寝ず、薪の上に臥《ふ》して、おいしい物を食べず、苦い肝《きも》を嘗《な》めて、目的を忘れないこと。

使い方

● 「今年の試合は、屈辱的な大差で敗れてしまった」「臥薪嘗胆、かならず来年はやり返すぞ」

▼ 今日「臥薪嘗胆」ということばは、目標を持って努力する際に、その目標を忘れないようにするため、みずからを苦しい状況に置いて、努力する場合に使われます。たとえば、難関の司法試験合格に向けて、食べ物や着る物に関心を向けず、毎日毎日予備校の教室の最前列に陣取り、朝から晩まで勉強を続けるときなどにいいます。「臥薪嘗胆」は、受験の結果が不本意で、つぎの目標に向かって、努力をしようというときのことばとして、学生にも人気の四字熟語でもあります。では、その学生たちが本気で学ん

でいるかというと、どうも掛け声だけで実が伴っていないようです。

「死ぬ気でがんばります」と涙ながらに反省の弁を述べる学生も、半年後、一年後に、学習の成果をたずねると、「できませんでした」「忘れていました」という返答です。

「臥薪嘗胆」はもっともっと人生をかけた重いことばなのですが。

出典　中国の春秋時代に、呉《ご》の王である夫差《ふさ》が、薪の上に寝て身を苦しめることで、父の仇を討つことを忘れないようにした話と、夫差に敗れた勾践《こうせん》が、苦い肝を嘗めて敗戦の苦しみを思い出すようにして夫差を打倒した話が合わさったことばといわれます。

『十八史略』『史記』『呉越春秋《ごえつしゅんじゅう》』などで伝えられています。

志3

緊褌一番（きんこんいちばん）

意味

気持ちを引き締めて、覚悟を決めて事に当たろうという心構えのこと。「緊褌」は、褌《ふんどし》をかたく締めることです。「一番」は、思い切って事に当たることです。男子たるもの、褌をきつく締めて物事にかかるべきだ、がもとの意味です。

使い方

●「ここが正念場だ」「緊褌一番頑張ろう」

▼中学受験の学習塾で、「絶対合格」と書かれた鉢巻きをして、「頑張るぞー」と声をあげるシーンをニュースなどで見ることがあります。「ふんどし」をしなくなった今の人は、就職の面接やたいせつなプレゼンテーションの前など、たとえば、靴の紐《ひも》を結び直したり、ズボンのベルト、ネクタイなどを締め直したりして、たいせつな場面へと向かっているようです。

では、女性はどうするのでしょう。髪の毛をセットしたり、メイクをばっちり決めたりして、いざ勝負といくそうです。服装なども「勝負服」という自分のお気に入りの一着を着て

自信を持って事に臨むのです。

「褌」は、現在あまり使われなくなったものですが、「まごにも衣装」ということわざの中にも現在ないものがあります。現在「馬《ま》子《ご》」を日常的に見ることはありません。そこで、この「馬子」を「孫」と勘違いして、孫によい衣服を買ってあげようという意味にとりかねません。正しくは「つまらないものも外見をつくろうとそれなりに見える」という意味です。

　志を遂げようとするときの人の気持ちは、今も昔も、男でも女でも変わりません。ここ一番というときには、心の褌を締めてかかるのです。

類語　褌を締める

志4

捲土重来（けんどちょうらい）

意味

敗れた者が再び勢いを盛んにして攻めてくること。一度失敗した者が、再び勢力を盛り返してくること。「捲土」は、土煙をまきおこすことで、馬が勢いよく走ってきたようすを表します。「重来」は重ねて来るということで、一旦は退いてもまたやってくるということです。「捲土重来《じゅうらい》」とも。

使い方

●「先生、現役合格はかないませんでした」
「捲土重来を期《き》して、もう一年がんばりなさい」

▼一度や二度の失敗で諦めてしまっていいのか。挑戦する前から、自分には無理、どうせかなわないと挑戦することすらやめてしまう人も多いように思われます。

昨今は、人と同じか人より先に行くことが求められる窮屈な風潮が蔓延《まんえん》しています。しかし、もっともっといろいろな道をゆっくり探してもいいのではないでしょうか。そのためには、大学受験や資格試験など、自分の力を納得するまで試してみることもたいせつです。長

い人生あわてずあせらずじっくりと満を持して再挑戦をするのもよいことです。

出典　晩唐の詩人・杜牧《とぼく》の「烏江亭《うこうてい》に題す」という七言絶句にあることばです。

「捲土《けんど》重来《ちょうらい》未《いま》だ知《し》るべからず」

（土煙をあげるような勢いで再び攻め上ってきたら、その結果はどうなっていたことか）

項羽《こうう》は、劉邦《りゅうほう》の巧みな戦略で、垓下《がいか》の地で敵に囲まれますが、そこを逃れて烏江までおちのびます。烏江の亭長《ていちょう》（宿場の長官）が項羽に長江を渡るよう促したのですが、天が自分を滅ぼすのだからと渡らず最期を迎えます。杜牧はこの歴史に「もし」を持ち込み、項羽がもし長江を渡り再起を期したらと考えたのです。

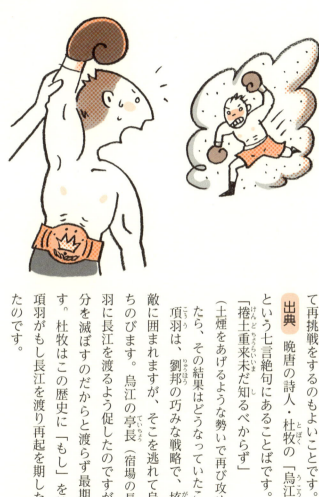

志 5

初志貫徹（しょしかんてつ）

意味

最初に思い立った望みを、最後まで貫き通すこと。

使い方

- 「よくこんなつらい仕事ができたね」
「初志貫徹。これがやりたくてこの会社に入ったのだから、当然だよ」
- 「成績が上がらないから、志望大学を下げようかな」
「何を言っているんだ、初志貫徹でしょう。応援するからがんばりなさい」

▼「志」とはなんでしょう。よい学校に入りたい、好きな仕事に就きたいなど、人にはさまざまな望みがあります。しかし「志」を立てるというのは、人のために何かをするということです。自分の欲のためにだけ何かをすることではありません。

「青年よ、大志をいだけ」（Boys, be ambitious!）は、札幌農学校のクラーク博士のことばとして広まりました。新しい国家のなかで、青年が

努力し、有為な人材となって社会に貢献することを願う博士の心が受け継がれたのです。

人のために生きるという志は、現在では、医療・看護や教育などの分野がすぐに浮かびますが、もっと広い意味で人の役に立つこと、たとえば、おいしいパンを焼く、荷物を届けるなど、社会のあらゆるところで人のためになる仕事があります。どの分野でも、人のためになることを心に期し、最後までやり通すことが「初志貫徹」です。

出典　『三国志』時代の詩人曹植《そうしょく》に「吾《わ》が初志を守らんと欲す」〈黄初六年令〉とあります。

類語　終始一貫・首尾一貫・首尾貫徹・脈絡通徹

関連語　初心忘るべからず

ことば 1

異口同音（いくどうおん）

意味

大勢の人が、みな口をそろえて同じことを言うようす。また、たくさんの人の意見が一致すること。

使い方

● あの店の評判を聞くと、雰囲気はいいが味は今一つだと、異口同音に言われる。

▼ インターネットで情報を得る時代では、レストランやホテル、商品にサービスまで、よい点悪い点が数値化されてランキングにのります。さらに自由に書かれたコメントなどもたいせつな情報として読まれ、そのコメントが人々の行動を左右します。そんなコメントには別々の人々（異口）によって、ほぼ同じような内容（同音）が書かれている場合が多いようです。

マスコミの流す情報でも、ある新聞が、あの政治家のこのことばはおかしいと報道すると、他紙もテレビも一斉に同じ論調で集中砲火のようにその政治家のことばを取り上げ、違う意

見は大勢におされてかき消されます。

人は自分と同じ意見の人に拍手喝采《はくしゅかっさい》を送ります。違う意見を聞いて考え直す人は少ないものです。

古代中国の宋《そう》の襄公《じょうこう》は、敵がまだ陣形をととのえないうちは戦争をしかけず、敵に情けをかけたがために敗北を喫しました。宋の人々は襄公を恨みました。しかし、後の時代の人の評価は、徳のあるりっぱな王であるとたたえる人と、王としてあるまじき失態だとこきおろす人に分かれます。世の評価は、その人が死ぬまでわかりません。死んでも、襄公のように評価の分かれる人もいます。

人の評価が「異口同音」であるときは、その意見を尊重しながらも、別の考え方はないかと一歩引いて考えることも必要では。

ことば
2

嘘《うそ》も方便《ほうべん》

意味

嘘も時によっては必要なことがある。嘘も使いようによってはよいこともある。もっと積極的に、物事を円満に運ぶためには、嘘をつかなければならないこともある。

使い方

●「本当のことを言って怒られてもつまらないから、そこは嘘も方便、なんとかごまかしておいてよ」

▼「嘘も方便」ということばは、もともとは仏教の教えで、仏が人々を悟りに導くための便宜的な表現の手段を指していたものですが、のちには、嘘には世の中の潤滑油《じゅんかつゆ》的な効果もあるという意味で使われるようにもなりました。

本来は効き目のない薬も、よい薬だと言って飲ませると病状が回復することもあるそうです。楽しい嘘や関係をよくする嘘ならすこしぐらいは大目に見ることにしましょうか。

出典

『法華経《ほけきょう》』の「譬喩品《ひゆぼん》」に「三車火宅の喩《たと》え」という話があります。

あるところに長者（大金持ち）がおりました。ある時、長者の大きな邸の中で多くの子ど

もたちが遊んでいたのですが、突然火事が起こったのです。火事はだんだんと燃え広がり、子どもたちの身に危険が迫ります。長者は、子どもたちに早く門の外へ逃げるように声をかけますが、遊びに夢中になっている子どもたちは逃げる気配もありません。

困り果てた長者は、日頃子どもたちがほしがっていた乗り物を思い出し、門の外に、羊がひく車、鹿がひく車、牛がひく車を用意し、早く出てくるように説得します。するとようやく子どもたちは、珍しい車につられて、喜んで門の外に出てきました。こうして、子どもたちは、火事になった邸宅から逃れることができたのです。

英語　The end justifies the means.（目的は手段を正当化する）

ことば
3

巧言令色（こうげんれいしょく）

意味

ことば巧みに人の機嫌をとろうとしたり、いつも相手の顔色をうかがったりすること。

使い方

●「彼は、いつも巧言令色だからな。腹の中では何を思っているやら」
「それじゃあ、彼にほめられてもその気になってはいけないね。気をつけなくては」

▼「巧言」は口先だけの巧《たく》みなことば、「令色」は媚《こ》びへつらって相手の機嫌をとろうとする顔つきのことです。「令嬢・令息」の「令」もよい、りっぱなという意味です。
『論語』では、「巧言令色鮮《すくな》し仁《じん》」といって、「巧言令色」をあやつる人は儒教の徳目の仁徳のない人だというのです。ですから、逆の「剛毅木訥《ごうきぼくとつ》（なにものにもめげない強い意思を持ち、話下手で何の飾りもないような人）」が仁徳を具《そな》えた人に近いともいいます。「木」には飾り気がないという意味があり、「朴訥《ぼくとつ》」とも書きます。

「君子は言《げん》に訥《とつ》にして、行《おこな》いに敏《びん》ならんと欲す」とも「巧言は徳を乱《みだ》る」ともいいます。
とくに、高齢者をだます詐欺師の「巧言令色」には注意しなくてはなりません。若い人も、たいした実力もないのに人にほめられたときなどはよほど注意する必要があります。きっとあとで痛い目をみることでしょう。
なんといっても自分の力は自分がわかっているはずです。実力以上の評価には何か裏があると思って間違いありません。

出典　「巧言令色鮮《すくな》し仁《じん》」〈論語・学而篇《がくじへん》、陽貨篇〉

類語　花多ければ実少なし・美言信ならず・口先の裃《かみしも》

英語　Full of courtesy, full of craft.（儀礼たっぷり、企《たくら》みたっぷり）

ことば
4

自画自賛（じがじさん）

意味

自分の描いた絵に自分で賛を書くことから、自分で自分のしたことをほめること。自慢すること。

使い方

● 彼は自分の作品を今までにない傑作だと自画自賛していた。

▼「賛」というのは、中国の山水画などに書き加えられる詩や文のことです。よい絵にはいくつもの「賛」が書き加えられています。ふつうは絵を描いた本人ではなく、別の人が書くものです。

一九九六年アメリカ・アトランタで行われたオリンピックのことです。女子マラソンに出場した有森裕子さんは、見事に銅メダルを獲得しました。前回のバルセロナ五輪での銀メダルについでの連続でのメダル獲得です。ゴールの直後の取材ゾーンでのインタビューで「初めて、自分で自分をほめたいと思います」と語り、それまでの怪我《けが》や手術、選考会のことなどさまざまな困難を乗り越えた一流の選手のことばは人々の心に残りました。

このことばは、市民ランナーの草分け的存在である高石ともやさん（フォークシンガー）のことばから生まれたものでした。高石さんは一九八四年の都道府県対抗女子駅伝の開会式で、「ここまで来るのに一生懸命、頑張ってきた自分も、苦しんだ自分も、喜んだ自分も、全部知っているのは、あなた自身だから。ここに来た自分を、人にほめてもらうんじゃなくて、自分でほめなさい」という詩を朗読したそうです。有森さんは、この詩をノートに写し、励みにしていたのだそうです。

有森さんほどの偉業達成ではなくとも、私たちは自分の成し遂げたことにもう少し自信と誇りを持って、「自画自賛」をしてもよいかもしれませんね。

類語　手前味噌《みそ》・手加減の独り舌打ち

ことば
5

馬耳東風（ばじとうふう）

意味

他人の意見や批評などをまったく気にかけず、聞き流すことのたとえ。「東風」は、「春風」のこと。

使い方

●「あの人には何を言っても馬耳東風だから、いやになるよ」

▼人々は寒くきびしい冬が去って、暖かな春風が吹くとほっとしたようなうれしい気持ちになります。しかし、馬はそんな春風が吹いてもいっこうに喜ぶ気配もありません。

このことから、他人の意見や批判などにまったく耳を貸さないで、聞き流しているようすを「馬耳東風」といいます。日本では、「馬の耳に念仏」といいますが、中国では「馬の耳に春風」というところでしょうか。

なぜ「春風」を「東風」というのでしょう。それは中国の陰陽《おんよう》五行《ごぎょう》説では、「春・夏・秋・冬」を「東・南・西・北」に当てはめるからです。また、色に当てはめると「青・朱（赤）・白・玄（黒）」になります。「青春」「朱夏」「白秋」「玄冬」という言い方で日本人の暮らし

にもなじんだことばです。

関連　「東風《こち》吹《ふ》かば匂《にお》ひおこせよ梅の花あるじなしとて春をわするな」（菅原道真《すがわらのみちざね》）

「東風」は日本では「こち」とも読みます。

出典　中国・盛唐の時代の詩人李白《りはく》の詩「王十二《おうじゅうに》の『寒夜《かんや》に独《ひと》り酌《しゃく》して懐《おもい》有《あ》り』に答《こた》う」（王十二が贈ってくれた、『寒い夜に独りで酒をついで飲みながら物思いをする』という題の詩に答える）の、「世人《せじん》これを聞《き》きて皆頭《みなこうべ》を掉《ふ》る、東風《とうふう》の馬耳《ばじ》を射《い》るがごとき有《あ》り」（世間の人たちはこれ「＝わたしたちの詩」を聞くとみなが頭を振って聞き入れない。それはちょうど春風が馬の耳に吹くようなものだ）より。

王十二と呼ばれる人物は不詳。

類語　馬耳風・馬の耳に念仏・糠《ぬか》に釘《くぎ》

勝負 1

岡目八目（おかめはちもく）

意味

何かをしている当事者よりも、それをはたで見ている者のほうが、事のよしあしや本質を正しく判断できるということ。

使い方

●「ほら、私の言ったとおりじゃない」
「そういうのをおかめ八目っていうの。横からいろいろ言わないでくれ」

「私はおかめ顔なんかじゃないわ。目も二つしかないし」「ん？」

▼最近の子どもたちで、将棋や囲碁をやる子は少ないようです。テレビゲームやゲームアプリの普及のためでしょうか。学生に聞いても囲碁や将棋ができる人はごく少数です。
将棋や囲碁の対戦は「一局」または「一番」といいます。将棋の駒を動かすときは「一手《て》二手」、囲碁は石を置くのですが、同じく「一手二手」と数えます。取った陣地は「一目《もく》二目」と数えます。

対戦をはたからながめていると、どうしてあの手に気づかないかなあとじれったく思うこ

とがあります。「岡目」は「傍目《おかめ》」で、わきから見た第三者の視線です。「八目」は八手先が読めるということですが、「八」は数が多いことを表します。

負けた人になんであんな手をさしたんだとか言ってもしかたありません。それよりも、「ひとのふり見てわがふりなおせ」ですね。

関連　江戸時代の浄瑠璃《じょうるり》の本に、「しぬるかいきるか大じの碁をふうふはおかめ八目で、おれがなんぎをかなしみて」（死ぬか生きるかの大勝負のかかった大事な囲碁を夫婦は岡目八目で、私の難儀を気の毒に思って）とあります。

英語　Lookers-on see most of the game.
（見物人は試合が一番よく見える）

勝負 2

乾坤一擲（けんこんいってき）

意味

運を天に任せて、一《いち》か八《ばち》かの大勝負をすること。「乾坤」は「天地」のことで、サイコロでは半（奇数）か丁（偶数）かということをいいます。「擲」は投げるで、サイコロ（賽《さい》）を投げて運命を決めるのです。

使い方

● 「うちの会社が企業買収に乗り出したそうだ」
「社長もついに乾坤一擲の勝負に出たんだ」

▼ もの造りを商売としている企業では、新しい商品に社運を賭けるということもあるでしょう。そしてうまくいくときもあれば、失敗して会社が危うくなるという事態もありうるわけです。わたしたちの人生も、幾度かの大勝負が待っています。進学のための受験、就職試験、そして結婚、離婚など。

「人事を尽くして天命を待つ」といいますが、伸《の》るか反《そ》るかの場面では、その人の性格が出ます。石橋を叩《たた》いて渡る人、叩いても渡らない人とさまざまです。やって後悔するのと、や

らずに後悔するのとさてどちらがよいでしょうか。

失敗とは、やってみてできなかったことではなく、最初から挑戦しなかったことだ、ともいいます。

出典　中国唐《とう》の時代の韓愈《かんゆ》の詩で、項羽《こうう》と劉邦《りゅうほう》の「漢楚《かんそ》の戦《たたか》い」を詠んだ「鴻溝《こうこう》を過ぐ」の、

「誰《たれ》か君王《くんおう》に勧《すす》めて馬首《ばしゅ》を回《かえ》さしむ
真《まこと》に一擲《いってき》を成《な》して乾坤《けんこん》を賭《と》す」
（誰が君主に馬の向きを変えさせて、天下の大勝負をさせるよう勧めたのか）より。

類語　一擲乾坤を賭す・賽は投げられた

勝負 3

背水《はいすい》の陣《じん》

意味

川を背にした決死の布陣をしくこと。一歩も後には退かないという必死の覚悟で事にあたること。

使い方

●「甲子園を目指す高校球児の戦いは、一度負けると終わりだから、いつも背水の陣で戦っているような気持ちだろうな」

▼人は、追いつめられると自分でも思いがけないような力を出すことがあります。オリンピックの試合などでも、間一髪で逆転勝ちした選手のインタビューを聞くと、無我夢中でどうやって勝てたのかわからない、ということがよくあります。このような決死の状態をわざとつくり出し、一人ひとりの力を限界以上に発揮させる戦法が「背水の陣」です。

故事　司馬遷《しばせん》の『史記』の「淮陰侯《わいいんこう》列伝」に次のような話があります。

漢《かん》の二年（前二〇五年）、名将韓信《かんしん》は、趙《ちょう》を討つために井陘《せいけい》というところへ向かいます。迎え討つ趙軍は二十万ともいわれる大軍でした。井陘は狭い道が続くので、漢の軍隊がその

狭道へ入ってくるのを待っていました。しかし、漢の軍は川を背にした所に陣をとります。趙軍はこれを見て漢軍を嘲笑《あざわら》います。

趙軍が陣営から出て、漢軍に襲いかかると、漢軍は大将の旗も捨てて、川べりの陣営に逃げかえります。趙軍はここぞとばかりに、陣営を出ていっせいに漢軍に襲いかかりますが、韓信の一万の兵隊も必死の覚悟で敵に向かったために、趙軍の攻撃を食い止めていました。その間に、韓信が趙軍の背後にひそませておいた二千ほどの軽騎兵が、趙の陣地をうばいとり漢の赤い旗を立てると、趙の軍兵は指揮官が討ちとられたと勘違いをし、総崩れとなって敗走したのです。

類語　糧《かて》を捨て舟を沈む・河を渡り舟を焼く

勝負
4

負《ま》けるが勝《か》ち

意味

一時的には負けたように見えても、全体を通してみると勝っていること。

使い方

●「今回の入札は勝っても利益が出そうにないな」
「ここは負けるが勝ちで、ライバル社に勝ちを譲っておいたらどうですか」

▼大学生などの会話を聞いていると、「～ねばならない」「～すべき」という堅い、硬直化したことばを多く使って何かを言うことがあります。では、本当にその学生が「一生懸命」「必死で」何かをやっているかというと、とてもそうは見えないことが多いのです。

ことわざのよい点のひとつに、こうした硬直化した考え方を柔軟にしてくれるという点があります。

何がなんでも勝たなければいけないと思うとかえって緊張して、ふだんの力も出せないときがあります。しかし、「負けるが勝ち」という新たな視点を持っていると、たとえば、大

学入試の模擬試験で成績が悪くとも、「ここで間違えた問題、まだ習っていなかった問題を理解した」という経験や、自分はまだまだ合格の力がついていないのだから、最後の最後までがんばろうという気持ちが生まれ、結果として合格をつかみとることができるのです。逆に、模擬試験でよい点をとって安心していると、本番で力が発揮できないこともあるものです。

「人間万事塞翁《さいおう》が馬」「禍福はあざなえる縄のごとし」ともいいます。いいことがあったからといって喜びすぎることも、悪いことがあったからといってひどく落ち込むこともないのです。勝ったり負けたり、照る日曇る日があるのが人生です。

類語　負けて勝つ・逃げるが勝ち

勝負 5

油断大敵（ゆだんたいてき）

意味

気をゆるめて手を抜くと、大失敗すること。「油断」は注意を怠ること。「油断してはいけない」「ちょっとした油断が、負けに通じる」のように使います。

使い方

●「格下のチームだとあなどってはいけない。油断大敵。どんな時も気をぬかないように」

▼ラグビーはその実力が如実にあらわれる競技で、番狂わせが起こりにくいといわれています。もし負けるとすればそれは、自身の「油断」にあります。失うものはないと決死の覚悟で向かってくる相手に、大丈夫、負けるはずはないと高をくくるとちょっとしたミスにも動揺しあせりを生み、次第に体が動かなくなり意外な結果になることもあり得ます。

それはまさに「己の敵は己自身」ということでしょう。

兼好法師の『徒然草《つれづれぐさ》』には「木登りの名人」の話があります。木登りの名人が人を使って高い木に登らせて梢《こずえ》を切らせていたところ、木に登っている職人が、もう飛び降りても大丈

夫という高さまで下りてきた時に、その名人が「気をつけろ」と注意をしたので、「どうしてこのように注意するのですか」と聞いたところ、名人は、「高い梢の上の方にいるときは、本人が気をつけていますから、私は何も言いません。過失というのは、問題がないと思われるようなところに起こるものですから」と答えたといいます。

蹴鞠《けまり》でも難しいところを蹴り返したあとに、もう安心と思ったときに、必ず失敗を起こすものだともいっています。

出典　語源には諸説ありますが、「涅槃《ねはん》経」由来の説を紹介しますと、ある王が家来に油の容器を持たせて、それを一滴でもこぼしたら命を断つと命じたといいます。

類語　油断は怪我《けが》の元・油断強敵

人生 1

一期一会（いちごいちえ）

意味

一生に一度の出会い。また、一生に一回限りであること。人と人が会うのは、一生に一度の機会と思って誠意を尽くすべきだという教え。「一期《いちご》」は、生きている間。

使い方

●あの一日の出会いがまさに一期一会だったと今わかります。

▼会合の席や結婚式の披露宴で「人と人との出会いは、『イッキイチエ』と言いまして…」や、「人生においては何より『イチゴイッカイ』がたいせつです」というスピーチを聞いたことがあります。

一瞬なんだかわからないのですが、ははあ、「イチゴイチエ」だとわかると、がっかりしてその後の話がどんなにすばらしくても、それ以上聞く気もなくなり耳にも残らなくなってしまいます。

また、「こちらのお品は作家の手作りです。こういった作品との出会いは『一期一会』と

申しますので、ぜひこの機会にお求めください」というようなセールストークに使われているのを聞きますと、せっかくほしいと思った商品も買いたくなくなってしまいます。

　このことばは、もてなしをしたい人との今日この席をたいせつにしたいというときに使いましょう。

出典　安土桃山《あづちももやま》時代の茶人千利休《せんのりきゅう》の弟子、山上宗二《やまのうえそうじ》の茶会の心得をいうことば「一期に一度の会」より。

関連　「抑《そもそも》茶湯《ちゃのゆ》の交会《こうえ》は、一期一会といひて、たとへば、幾度おなじ主客交会するとも、今日の会にふたたびかへらざる事を思へば、実に我一世一度の会なり」〈井伊直弼《いいなおすけ》「茶湯一会集」〉

人生 2

一炊《いっすい》の夢《ゆめ》

意味

人の世の栄枯盛衰のはかないことのたとえ。

使い方

●「もうすぐ定年を迎えるけれどいいこと悪いことといろいろあったなあ。人生は一炊の夢とはよくいったものだ。終わってしまうとあっけないものだ」

▼このことばは、人生の「名誉《めいよ》と恥辱《ちじょく》」「困窮《こんきゅう》と栄達《えいたつ》」「成功と失敗」「生と死」を黍《きび》が炊き上がるまでのほんの短い時間で見た若者の話から出た語です。名誉や栄達を望んで得られてもその先にあるものは必ずしもよいものであるとは限らないということを教えています。

故事

中国唐《とう》の時代に書かれた『枕中記《ちんちゅうき》』に次のような話があります。

開元七年（七一九年）、趙《ちょう》の都邯鄲《かんたん》をある仙人が通りかかり、茶屋で休んでいました。畑仕事へ行く貧しい農民の壮年盧生《ろせい》と話をします。盧生は男に生まれたからには、功なり名を

挙げなくては何の甲斐《かい》もないと嘆きます。仙人は栄華が思いのままになるという不思議な枕を嚢《ふくろ》から出して盧生に貸してやります。盧生がその枕で寝たところ、数か月でよい妻を得て、翌年科挙《かきょ》の試験に合格し、数年の後大臣となって富み栄えたのですが、上司や同僚に疎まれ左遷と昇進を繰り返すのです。そして八十歳で一生を終えるという夢を見ました。

そして夢から覚めてみますと、茶屋の主人の炊いていた黍《きび》（黄粱《あわ》）はまだ炊きあがっていなかったのです。盧生はがっかりして仙人に礼を言って去っていきました。

類語　邯鄲《かんたん》の夢・邯鄲の枕・盧生の夢・黄粱《こうりょう》の夢

人生 3

出《で》る杭《くい》は打《う》たれる

意味

才能に恵まれ頭角《とうかく》を現す人は、とかく他人から憎《にく》まれ、妨げられる。また、あまり出すぎたふるまいをする者は他人から責められ、陥《おとし》れられる。杭を並べて打つとき、高く出すぎた杭が打たれることから。「出る釘《くぎ》は打たれる」「差し出る杭は打たれる」とも。

使い方

●「みんなはいろいろ文句を言うけど、僕の才能に嫉妬しているんだ」
「専門外のことに口を出すと、出る杭は打たれることもよくあるよ」

▼どのような人生を生きるか、自分の人生をあまり考えていない人でも、子どもにはどのような人生を歩ませたいかには大いになやみます。

人に抜きん出て才能を発揮する人になってもらいたいか。それとも人並みに無難に、目立たぬように「ふつう」に生きてほしいかと。自分の子どもは余所《よそ》の子より優秀だと思うと「出る杭」になってでも活躍してほしいとも思うし、目立ちすぎて人から非難されないように

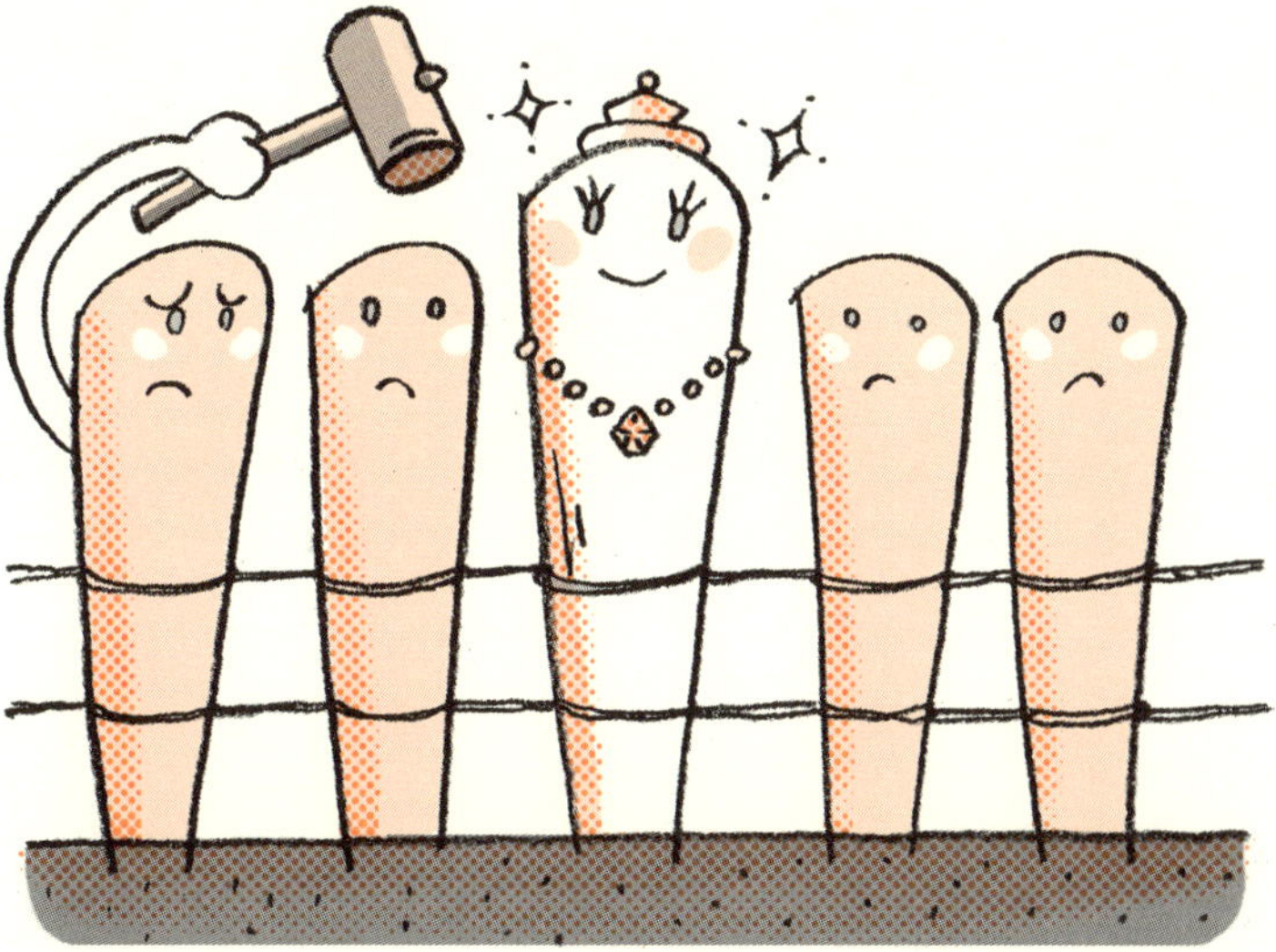

「雉《きじ》も鳴かずば打たれまい」「能《のう》有る鷹《たか》は爪《つめ》を隠《かく》す」ままでいてほしいとも思うものです。

子どもでなくとも、会社の部下で才能あふれる新人が来たときにはどう接しますか。才能を認め、のびのびと活躍できるように支えてあげるか、それともチームプレイを乱すとして、「出る杭」を打つのでしょうか。

人生の難しい点は、他人に自分の才能・能力を認めてもらいたいが、打たれたくはないという矛盾を抱えて生きなくてはいけないところです。しかし、才能に恵まれたものは、打たれるのが当たり前と思い、打たれても打たれ強くなるしかないのです。「嚢中《のうちゅう》の錐《きり》」は隠しきれるものではないのですから。

類語　高木は風に妬《ねた》まる・大木は風に折れる・出る足人に引かるる

人生 4

人間《にんげん（じんかん）》万《ばん》事《じ》塞翁《さいおう》が馬《うま》

意味

人生は幸せが不幸の原因となり、不幸が幸せの原因となることもある。災禍と幸福は転変極まりなく、予測しがたいものであるということ。

使い方

●「お子さん、大学は志望校に合格したそうだね。おめでとう」
「ありがとう、でも人間万事塞翁が馬ともいうから、そこで浮かれていたらあとで痛い目をみることになると言い聞かせているところだよ」

▼人生は、何が幸不幸の原因になるかわからないのです。ですから、どんな不幸が起こっても絶望することなく、またどんな幸福があっても喜ぶにはあたらないと思うことです。

しかしまた、人生はそれほど単純ではありません。芥川《あくたがわ》龍之介は『侏儒《しゅじゅ》の言葉』で、「人生は地獄よりも地獄的である」といいます。それは、この世が「無法則の世界」であると感じるからです。幸が必ず不幸に、不幸が必ず幸になるとは限らないのも人生なのです。

故事

中国の哲学書『淮南子《えなんじ》』に、胡《こ》との国境の塞《さい》の近くに住む占《うらな》いをよくする老人の

話があります。老人は賢くりっぱな馬を持ち農耕に運搬にと使っていました。ある時その馬が胡に逃げてしまいました。隣人たちは老人に同情しましたが、老人は悲しむにはあたらない、どんな幸福が訪れるかしれないと平常と変わらずに過ごしています。しばらくすると、その馬が同じような駿《しゅん》馬《め》を連れて帰ってきました。隣人たちは老人にお祝いを言いましたが、老人は喜ぶにあたらない、どんな不幸の原因となるかわからないとそっけない態度でした。つぎに、老人の子どもが新しく来た馬から落ちて大腿骨《だいたいこつ》を折る事故にあいました。しかし一年後、戦争がおこり村の若者たちはみな戦死しましたがこの息子は怪我《けが》のために出征せずにすみ命が助かったのです。

類語　禍福《かふく》は糾《あざな》える縄《なわ》のごとし

人生 5

悠悠自適（ゆうゆうじてき）

意味

俗世間の煩わしさを離れて、自分の心の欲するままに何にも束縛されずに暮らすこと。「悠悠」はゆったりのんびりとしたさま。のんきでゆっくりとしたことは「悠悠緩緩《ゆうゆうかんかん》（閑閑）」ともいいます。「自適」は自分の思いに適《かな》った状態です。

使い方

● 今日は観劇、明日は上野で花見の宴と、悠々自適に人生を楽しむ。

▼「悠々自適」な生活とはどのようなものでしょうか。

「定年退職の後は、どこか田舎に土地を買って悠々自適に晴耕雨読《せいこううどく》の余生を過ごしたいものだ」といいます。「晴耕雨読」とは、晴れた日には外に出て田畑を耕し、雨の日には家で読書をするというように、思いのままにのんびりと過ごすことです。

中国の文人には政府の高官としての要職にありながら、俗を離れて郊外で過ごす生活を理想とする者が多くいました。陶潜《とうせん》（淵明《えんめい》。三六五－四二七）は、退官してからは、「帰去来兮《かへりなんいざ》」

（さあ、故郷の田園に帰ろう。「帰去来の辞」）と故郷に帰り、身内の人たちの真心のこもった話を聞き、琴と書物とを楽しみます。天気のよい日はふらふらと田園におもむき野良仕事をして、丘に登りのんびりと歌い、清らかな川で詩をつくって過ごす生活です。

日本でも鴨長明《かものちょうめい》が『方丈記』に「閑居の気《き》味《び》」を述べ、同じように自然を友とした暮らしの理想を語っています。

今の世の中、どんなことをしても俗世間から離れることはできないでしょう。ならばすくなくとも俗事に煩わされることが少ない生活を送ることを願います。それも用意周到の計画ではなく、「行雲流水《こううんりゅうすい》」の成り行き任せの自然体といきたいところです。

類語　優游《ゆうゆう》自適・優遊自適・悠々自得

男女 1

一心同体（いっしんどうたい）

意味

心を一つにして結びつくこと。何人もの人が一致して行動すること。「一心」は多くの人が心を合わせること。「同体」は一体であること。

使い方

●「夫婦は一心同体というけれど、サイフは別にしたほうがいいよ」「どうして？」「ケンカした時、小遣いを人質にとられてしまうから」

▼結婚をし、家庭を持つには同じ方向を向いて歩まなくてはいけません。違った環境で育ってきた人間が一緒に暮らしていくのはそう簡単なことではありません。こんなはずではなかったということが随所に出てきます。心を一つにしなくては、問題が発生したときに十分な対処ができないということになりかねません。

少子化の中で過保護に育てられてきた子どもたちには、結婚が必ずしも成人としての独立を意味しないようになってきています。いつまでも親がかりでは困ります。子どもの進学の問題も夫婦で意見が違い、家族の中でケンカになる家庭も多いようです。

江戸時代の寛政の改革で知られる松平定信の随筆に『花月草紙』があります。その中に、「両頭の蛇《くちなわ》」の話があります。
二匹の蛇のしっぽをしっかり縛って庭に放り投げておいたところ、互いに反対の方向へ逃げようとして、いつまでも同じところにとどまっていました。三日ほど経《た》って二匹の蛇は心を合わせて頭を二つ並べて一匹のようになって同じ方向に逃げて行きました。そのはやさは、一匹のとき以上のものでした。
これは、政治的な批判をユーモアを交えて書いているものと思われますが、夫婦の仲も同じことではないでしょうか。

類語　一身同体（書き誤りとする辞典と、明治時代には、「一身」と書いて一体の意味で使ったと説くものもあります）

男女 2

男《おとこ》（女《おんな》）心《ごころ》と秋《あき》の空《そら》

意味

男の女に（女の男に）対する愛情が移ろいやすいこと。

使い方

●「きのう、一緒に歩いていたのは、新しい彼氏なの？」

「いいえあれは元カレよ。今の彼はまだ出あったばかりなの」

「女心と秋の空とはよく言ったものだ。そんなにはやく変わるなんて」

▼女性はファッションにしても食べ物にしてもつぎつぎと新しいものを求めて流行を自分のものにしようとアンテナをはりめぐらせます。それに対して男性は頑固一徹、これと決めたらいつまでも変わらぬものというイメージです。

しかし、ことわざの中では、男も女もどちらも心変わりははやいようです。

和歌のなかでは、「あき（秋）」になると「は（葉）」が色づき変化するように、それまで好きだった人をも「あき（飽き）」てしまい、好きだと言っていた「ことのは（言の葉）」も変わってしまったと嘆きます。

男女の間の心というものは、「花染め（ツユクサで染めた染物）」のようにすぐに色あせてしまうという歌もあります。絶世の美人として知られる小野小町《おののこまち》の歌にも、移ろいやすいのは「人の心の花」と詠まれています。

このことばは、秋の天気は晴れていたかと思うとすぐに曇り雨が降り出すということと「あき」に「秋」と「飽き」が掛けられていることから生まれたと思われます。「男心と秋の空」と「女心と秋の空」はどちらが先に生まれたことばかはわかりません。

類語　秋の空と男の心は七度《ななたび》変わる・女の心は猫の眼

英語　A woman's mind and winter wind change often.（女心と冬の風はよく変わる）

男女 3

蓼《たで》食《く》う虫《むし》も好《す》き好《ず》き

意味

辛い蓼を好んで食べる虫もあるように、人の好みはさまざまであるということ。「蓼」は、湿った土地に生える植物で、茎や葉が辛く香辛料や刺身のつまなどに使われます。

使い方

- 「どうしてあんな人が好きなの」「蓼食う虫も好き好きよ。ほうっておいて」
- いくら蓼食う虫も好き好きといっても、彼の趣味はわたしにはまったく理解できない。

▼女の人が美しく見える条件に「夜目《よめ》遠目《とおめ》笠《かさ》のうち（夜見るとき、遠くから見るとき、笠をかぶったところを見るとき）」ということわざがあります。つまり、ちょっとだけ見える、ひっくり返して言えばあまり見えないのがいいということです。

「無くて七癖」ともいって、どんな人でも変な癖が七つはあるものだといいます。どんなに

美人に見えても癖のない完璧な人などいないのです。

それにしても、同性である女が見てもいやな女をどうして男は好きになるのだろうか、わけがわからないといったのは、清少納言《せいしょうなごん》です。清少納言にとってこのことわざよりだいじなことは、かなわない身分の恋とわかっていても、好きになったら死ぬほど愛しなさいということでした。

人は、人を好きになると客観的な分析も冷静な判断もできなくなるものです。

類語　蓼食う虫は辛きを知らず

英語　There is no accounting for tastes.（人の好みを説明することはできない）

男女 4

遠《とお》くて近《ちか》きは男女《だんじょ》の中《なか》（仲）

意味

男女の縁は、一見かけ離れているように見えても意外に結ばれやすいこと。

使い方

●「あの二人いつの間につきあうようになったんだ。あまり仲がいいようには見えなかったけれど」「そう、でも、遠くて近きは男女の仲というから」

▼かつて、「男女七歳にして席を同じうせず」といわれ、学びの場も男女の区別が厳しくされていました。長い間、女子には学問は必要ないと見なされ、学ぶことが許されなかったのです。今でも世界の中ではそのような考えの社会が存在します。

日本では明治時代以降、津田梅子（女子英学塾、現在の津田塾大学の創設者）、吉岡弥生《やよい》（東京女医学校、現在の東京女子医科大学の創設者）、成瀬仁蔵《じんぞう》（日本女子大学校、現在の日本女子大学の創設者）らの努力によって、女子の地位向上と職業進出の道が開かれました。

しかし依然として公立の学校は、男子のみに門戸を開き、女子教育は私学がほそぼそと支

えてきたのが戦前までのようすでした。
そして現在は、かつての男子校・女子校という区別は、公立の学校ではほとんど姿を消し、男女共学が大多数となりました。
男女の出会いの場は多くなったはずです。しかし、相手を自分で探さなくてはいけない時代となり、かえってなかなか伴侶が見つかりません。このような状態を「近くて遠きは男女の仲」というのでしょうか。

出典　清少納言《せいしょうなごん》の『枕草子《まくらのそうし》』に「遠くて近きもの、ごくらく、舟の道、男女のなか」（遠くて近いものは、極楽浄土、船の旅路、男女の仲）とあります。「男女のなか」を「人のなか」とする本もあります。

類語　遠くて近きは男女の間・遠くて近きは恋の道

男女 5

覆水盆《ふくすいぼん》に返《かえ》らず

意味

一度こぼれた水は、二度と器には戻らないことから、一度離婚した夫婦は、もとどおりにはならないというたとえ。また、一度してしまった事は、取り返しがつかないというたとえ。

使い方

●「あの夫婦は離婚したけれど、またよりを戻したそうだよ」「覆水盆に返らずというから、きっとまた別れるにちがいないよ」

▼ It is no use crying over spilt milk.（こぼれたミルクは泣いてももとに戻らない）は中学生のころに習った英語のことわざです。

今や小学校から英語を習う時代です。日本語でこのことわざを覚える前に、英語で習う世代も現れることでしょう。

故事

このことばは、中国周《しゅう》の時代、「太公望《たいこうぼう》」こと、呂尚《りょしょう》の逸話から生まれました。

呂尚は初め馬《ば》氏の娘と結婚しました。呂尚は貧乏なのに読書にばかりふけっていて働かな

いので、妻は離縁して実家に帰ってしまいました。のちに呂尚が出世して斉《せい》の国に封じられると、馬氏がやってきて娘の復縁を申し出たのです。そのとき呂尚は水の入った盆（鉢）を取り寄せて地面にこぼし、元妻にその水を掬《すく》うように言いました。しかし泥しか掬うことができません。そこで呂尚は、「おまえが一度別れてまた復縁しようと願うけれど、こぼれた水はもとの鉢にはもどせないのだ」と言ったのでした。

今は、離婚のときだけでなく、一度してしまったことは取り返しがつかないという一般的な意味にも使います。

類語　落《らっ》花《か》枝《えだ》に帰らず・破《は》鏡《きょう》再《ふたた》び照らさず

天候 1

暑《あつ》さ寒《さむ》さも彼岸《ひがん》まで

意味

余寒の厳しさも、春の彼岸の頃になれば薄らぎ、暖かくなるし、厳しい残暑も、秋の彼岸の頃ともなれば衰えて、涼しくなるということ。

使い方

●「『暑さ寒さも彼岸まで』というように、秋のお彼岸を迎えて朝晩はめっきり涼しくなってきましたね」

▼彼岸は、春分の日と秋分の日を中日として、その前三日と後三日の合わせて七日間をいいます。仏教では、悟りの世界である「波羅蜜多《パーラミター》」から来ていると説明しますが、民俗学では、太陽信仰の「日《ひ》の願《がん》」「日願《ひがん》」から来ているという説もあります。

春分・秋分の太陽は真東から昇り、真西に沈みます。大阪・四天王寺では、春分と秋分の日没に、西門である極楽門の向こうへ沈む夕日を拝む「日想観勤行儀《じっそうかんごんぎょうぎ》」が行われます。これも四天王寺だけではなく、日本各地にいろいろな形で残されている信仰です。仏教が日本に入ってくる前からある、太陽崇拝の名残と思われます。

正岡子規の句に「毎年よ彼岸の入《いり》に寒いのは」があります。明治二十六年三月の作です。子規が「もうお彼岸だというのに寒いね」というと、子規の母は「毎年よ、彼岸の入に寒いのは」と答えたといいます。

東京の一日の平均気温を調べてみると、三月二十日頃から十度を超える日が多くなり、九月二十日頃から二十五度を下回る日が多くなります。

寒ければ暖房、暑ければ冷房をつけて過ごす現在の生活では、四季の移ろいも生活の中の実感として感じられなくなっています。都会で暮らしていても、家庭菜園やベランダの鉢植えの世話といった自然とのふれあいを忘れないでいたいものです。

類語　暑さ寒さも彼岸ぎり

天候 2

雨《あめ》降《ふ》って地《じ》固《かた》まる

意味

雨が降ったあとは、緩んでいた地面がかえって強く固まることから、困難なことやもめごとが起こったあとなどは、かえって物事がよく収まるたとえ。

使い方

●「あの政党は選挙で大敗して分裂状態というけれど、そうでもないようだ」「きっと、雨降って地固まるで、かえって結束が強くなったのだよ」

▼日本語は他の言語と比べて、雨を表すことばの種類が多いそうです。雨の状態によって小雨《こさめ》・霧雨《きりさめ》・霖雨《りんう》・驟雨《しゅうう》、また季節によって梅雨《つゆ》・五月雨《さみだれ》・夕立《ゆうだち》・時雨《しぐれ》など、また、干からびた大地を潤す「慈雨」、悲しみを感じさせる「涙雨」と人の心にも雨が降ります。

天気予報も気象観測衛星を使ったデータ分析で行う今日ですが、ことわざになった天気予報には、「朝焼けは雨、夕焼けは晴れ」「朝虹は雨、夕虹は晴れ」「お月さまが笠《かさ》をかぶると翌日は雨」などがあります。「あーした天気になーれ」と言いながら履いていた下駄を蹴り投げて占いをしたのもそんなに昔のことでもありません。今でも美しい夕焼けを見ると明日

もいい天気かなと思うものです。

近年では、ゲリラ豪雨（局地的大雨）も多く、「雨が降ると地面が崩れる」といったほうがよく、どうして雨が降って地面が固くなるのか不思議に思われます。雨が降ることによって砂の粒と粒の間に細かい砂が入り込み、地面が固くなるのですが、地面の保水力以上の雨が降るとどうしようもありません。降る雨も適度であってほしいものです。

「雨降らずして地固《かと》うす」ということわざは、雨が降る前から用心して、間違いを犯す前に身を修めるべきだという意味です。

英語　After a storm come a calm.（嵐のあとに凪《なぎ》が来る）・A broken bone is the stronger when it is well set.（折れた骨はうまくつげばそれだけいっそう強くなる）

天候 3

台風一過（たいふういっか）

意味

台風が通り過ぎたあと、空が晴れわたりよい天気になること。そのことから、大変なことが通り過ぎて、晴れ晴れとすること。

使い方

●「夕べの台風の風はひどかったね」
「そうだったね。でも、今日は台風一過でいい天気だ」

▼台風ということばは比較的新しいことばですが、アラビア語のTufan、または英語のTyphoonの訳からかとその語源がよくわかっていません。台湾付近で発生するので台風という説もあります。

台風ということばができるまでは、「野分《のわき》」や「二百十日」と呼ばれていました。紫式部の『源氏物語』には「野分」の巻があり、清少納言《せいしょうなごん》の『枕草子《まくらのそうし》』にも「野分のまたの日」という章段があります。激しい風に野の草が吹き分けられているイメージです。夏目漱石《そうせき》の小説『二百十日』は、阿蘇《あそ》に旅をするが、台風によって阿蘇山への登山をあきらめるという

ストーリーです。

災害で恐ろしいものというと、地震・雷・火事があげられます。地震による津波の恐ろしさも記憶に新しいところです。

「天災は忘れた頃にやって来る」と科学者であり随筆家の寺田寅彦《とらひこ》が警鐘を鳴らすように、大地震のようなひどい天災は何十年に一度の割合でしか起こりません。しかし、台風だけは毎年いくつも日本に接近、上陸し、各地に大きな被害をもたらします。

人工衛星による気象予報で、台風の進路も風雨の状況もかなり詳しく正確に予報ができるようになりました。「台風一過」ですぐ被害を忘れては困ります。防災の対策も予報と同じように進歩して、台風の被害で犠牲者が出ないようになってほしいと願います。

天候 4

春《はる》に三日《みっか》の晴《は》れなし

意味

春の花どきの晴天は三日と続かないということ。

使い方

●「今日はいい天気になったね」
「春に三日の晴れなしというから、仕事をはやく終えて、花見に行こう」

▼「三寒四温」は、冬に三日ほど寒い日が続いたあとに、四日ほど暖かい日が続くことをいいます。二月くらいの気候をいいます。

三月の一日から十五日にかけて、奈良、東大寺二月堂ではお水取り（修二会《しゅにえ》）が行われます。春の彼岸を前に、厳しい寒さの残る中での行事です。この頃日本各地で春を迎える行事が行われます。

三月も下旬になりますと、冬を支配していたシベリア気団が弱まり、低気圧と高気圧が交互に日本付近を西から東へ通過するようになり、天気は周期的に変わるようになります。

春は、晴天が長く続かないので「春に三日の晴れなし」というのですが、果たして実際の天気はどうなっているのでしょうか？

東京の過去の天気を一月・二月と三月・四月にそれぞれどれだけ晴天が続くかを調べてみますと、一月・二月は西高東低の冬型の気圧配置が続いて、晴天は四日五日と長く続きます。しかし暖かな春の三月・四月は三日と続かずに曇りや雨になってしまいます。

その「春雨」は、草木の芽を張らせ、桜をはじめ種々《くさぐさ》の花を促す時雨《じう》です。人々は、一雨ごとに暖かくなるのを待ち望んでいます。

春雨《はるさめ》や蓬《よもぎ》をのばす草の道　芭蕉《ばしょう》

この雨のおかげで日本は緑豊かな春を迎えることができるのです。

類語　花曇り七日

天候 5

夕立《ゆうだち》は一日《いちにち》降《ふ》らず

意味　夕立は長く降り続くものではなく、すぐに止《や》むものだということ。

使い方
●「今日も夕立がありそうだなあ。花火大会は中止かもしれないね」
「夕立は一日降らずというから、すぐに止むにちがいないよ」

▼テレビ局では各局で工夫を凝らした天気予報が行われています。気象予報士の中には、タレント並みに人気の方もいるようです。気象キャスターの草分け的存在であった倉嶋厚《くらしまあつし》さんは、奥さまを亡くしたあとにうつ病にかかり、たいへん苦しい思いをした体験を『やまない雨はない　妻の死、うつ病、それから…』（文藝春秋）というエッセイにまとめています。うつ病に悩まされているときは暗く落ち込んだ状態がいつまでも続くと感じたそうです。

つらい状況に陥った人への励ましに、「明けない夜はない」ともいいます。しかし、闇に包まれている人にはなかなかそのことばは届きません。これは、シェイクスピアの悲劇『マクベス』第四幕第三場の最後のセリフです。

The night is long that never finds the day.

の訳で、多く「どんな長い夜もやがては明ける」と希望的に訳されます。

夕立は短時間に激しく降り、多くの場合一時間ほどで止んでしまいます。入道雲が夏空高くおこり、風が吹き、雷を伴っている場合もあります。「夕立は馬の背を分ける」ということわざは、馬の背中の片方は濡れているがもう片方は濡れていないというように、夕立は局所的に非常に狭い範囲でしか降らないことを表します。それでも最近は、道路や鉄道を麻痺させるぐらいに降るのでゲリラ豪雨ともいわれます。

洗われたような澄んだ月が中空に浮かんでいる景色は夕立のあとの楽しみです。

時
1

石《いし》の上《うえ》にも三年《さんねん》

意味

いくらつらくても、我慢すればやがては報われるということ。

使い方

●「働いて二年経《た》ったけれど、この仕事は私に向いてないように思う」「何事も石の上にも三年というでしょう。だめならやめる気で、もう一年思い切りやってみたら」

▼昔から「桃栗三年柿八年」といいますが、では、人はどうでしょうか。人間が成長して、なお社会的義務や責任を猶予される期間のことをモラトリアムといいます。現在の社会は義務教育を終えても、まだ高校、大学とモラトリアムが続きます。その長いモラトリアムが終わり、いざ社会にでて何かを成し遂げようとするときに、その時どきの経済や社会の情勢によって思うに任せないことがままあります。それは戦争であったり、経済危機であったり。別の角度から考えますと、新しい学校に入ったときや就職したときなど、自分の力や向き

不向きを判断するときの目安が「三年」ともいえます。一年目は訳もわからずがむしゃらに時を過ごし、二年目は少し慣れて余裕ができます。三年目には責任も少し生まれ、成果も求められることになります。

しかし、現実の日本社会では一年目からいきなり成果と責任を求められるのではないでしょうか。見守る側も「石の上にも三年」と、我慢してみることが必要では。

関連　「いしのうえにも三年いればあたたまる」〈毛吹草《けふきぐさ》〉
「商人《あきんど》、職人によらず、住みなれた所を替《か》ゆるなかれ。石の上にも三年と俗言に伝えし」〈井原西鶴《いはらさいかく》のことば〉

類語　心棒の棒が大事・辛抱の木に金がなる

時2

一朝一夕（いっちょういっせき）

意味

わずかの時間、短い時間のたとえ。「一朝一夕には〜できない」のように、下に否定的な表現を伴って使われます。「一朝」は一日、「一夕」は一夜で、一日や一晩の意。

使い方

● 「なんでわたしには重要な仕事を任せてもらえないのかな」「信頼は一朝一夕には得られないものだよ。もう少し時間がかかると思うけれど、めげずにがんばって」

▼ インスタントやファストな食べ物が重宝される現代ですが、そんなものばかりを食べていると、味覚音痴になってしまいます。いざおいしいものを食べたいと思っても、味わうことのできる舌を持っていなければ、何もなりません。人の味覚は「食は三代」といわれるように、「一朝一夕」には磨かれていきません。

兼好法師は『徒然草《つれづれぐさ》』に、客もなくしめやかにひっそり暮らす人が、庭も程よく手入れを

して香をたいているようすや、客の見送りに出たあともすぐに部屋に入らず月を眺めている姿を見て、「朝夕の心づかいによるべし」といっています。

「一朝一夕」にできないものは、個人の関わるものだけではなく、会社や学校、地域や国家の品位も、積み重ねられた結果がそこにあらわれるのです。

出典　中国の儒教の聖典「四書五経」の一つ『易経《えききょう》』のことばです。

「臣《しん》にしてその君を弑《しい》し、子にしてその父を弑するは、一朝一夕の故《こと》にあらず。其《そ》の由《よ》りて来たる所のものは漸《ぜん》なり」

(臣下が君主を殺し、子どもが親を殺すようなことは、ある日突然に起こるのではない。その原因は長い間積もり積もったものなのだ)

時3

光陰矢《こういんや》のごとし

意味

月日の過ぎるのは、飛ぶ矢のように早いことのたとえ。「光」は日、「陰」は月。

使い方

● 「お子さんはいくつになりましたか」「来年はもう二十歳ですよ」「光陰矢のごとしですね。つい昨日学校へ上がったと思ったのに」

● 光陰矢のごとし、一年があっと言う間に過ぎてしまった。

▼ 日本人の平均寿命は、女性が八十六歳、男性が八十歳と世界一の長寿を記録しています。「人生五十年」といわれた頃に比べるとなんと長くなったことでしょう。

中国の『三国志』の中で、蜀《しょく》の国の劉備《りゅうび》は、トイレに行って自分の足のももに肉がついたのを嘆いて「日月は馳《は》するがごとし、老い将《まさ》に至らんとす。しかれども功業建たず（月日は競うように過ぎ去る、そして私には老いが迫っている。しかし、私はまだりっぱな功績を残しては

いない)」といって悲しみました。鍛え上げたその肉体に衰えを感じるようになっても、天下統一という夢はまだ実現していなかったのです。

浦島太郎は竜宮城へ行ったとき乙姫《おとひめ》様と三年暮らしたのですが、故郷が恋しくなって戻ってきます。お土産としてもらった玉手箱には人間界の実際の時間である七百年分の「時」が畳み込まれていたのでした。

わたしたちの人生は、何もしなくても、あっという間に過ぎ去ってしまいます。だからこそ、「今を生きる」、充実した時を生きることがたいせつです。

類語　光陰流水《りゅうすい》のごとし・光陰逝水《せいすい》のごとし・光陰関守《せきもり》無し・歳月人を待たず・時人を待たず・白駒《はっく》隙《げき》を過《す》ぐ

時4

千載一遇（せんざいいちぐう）

意味

千年に一度しか巡り会えないこと。また、二度と会えないようなすばらしい機会、またとない絶好の機会。「載」は「年」と同じ意味。「千載」は千年のことで、「千歳一遇」とも書きます。「遇」は、思いがけず出くわすという意味。

使い方

●「何をそんなに落ち込んでいるんだい？」
「風邪で学校を休んでたら、有名なサッカー選手のサプライズ訪問があったって友達が知らせて来たんだ」
「スター選手に会える千載一遇の好機を逃したってことだね」

▼長い時間のことを「千代に八千代に」と和歌では詠みます。また、千年のことを「千歳《ちとせ》飴《あめ》」の「ちとせ」や『千載和歌集』の「せんざい」ともいいます。お祝いの際に両手をあげて唱える、「万歳三唱」の「ばんざい」は「万年」のことです。
小学校の教科書にも載る『寿限無《じゅげむ》』という落語には、長い名前の子どもが出てきます。そ

の名前は、「寿限無　寿限無　五劫《ごこう》の擦《す》り切れ」で始まります。この「劫」とは、『大智《だいち》度論《どろん》』という仏教の本に、天人が三年（一説に百年）に一度天から降りてきて二十キロメートル四方もある大きな岩を羽衣でなで、その岩がすり減って無くなるまでという、気の遠くなるほど長い時間のこととあります。

この長い時の今、もし聖人に会えたならそれはほんとうに幸運で喜ぶべきことです。

出典　「それ万歳《ばんさい》の一期《いっき》は、有生《ゆうせい》の通塗《つうと》なり。千載一遇は、賢智の嘉会《かかい》なり」（万年に一度しかこの世に生まれることができないのは、人間だれしも持つ決まりです。千年に一度でも、聖人・賢人に巡り会えるなら、幸せな出会いです）〈『文選《もんぜん》』三国名臣序賛（袁宏《えんこう》）〉

類語　一世一代・盲亀《もうき》の浮木《ふぼく》

時5

不易流行（ふえきりゅうこう）

意味

変わらないものと変わり続けるもの。新しいものを求め続ける流行の心の中に、いつまでも変わることのない普遍的な本質があり、「不易」と「流行」は根源においては一つのものであるということ。「不易」はいつまでも変わらないこと、「流行」は流れ行くこと。

使い方

●「常に新しいものを生み出してこそ何百年も続く伝統になるのですね」
「そう、それが不易流行ということだよ」
「古いものを守ることだけが伝統ではないということですね」

▼「流行」というと常に新しいものを追いかけている軽佻浮薄《けいちょうふはく》なイメージがあります。また、「流行おくれ」「最新の流行」などと、ついて行かなくてはと思わせるものもあります。

一方、「流行」と「不易」が同じものであるという松尾芭蕉《ばしょう》のことばは、過ぎゆく時の流れの中に変わらぬものを見据えていく考えが込められています。

芭蕉は、「五・七・五」という短い詩の中に漢詩や和歌の伝統を取り込み、中国の詩人杜《と》甫《ほ》や李白《りはく》、日本の歌人西行《さいぎょう》、連歌《れんが》師飯尾宗祇《そうぎ》らに連なる「心」を詠もうとしたのでしょう。

これは俳諧の分野だけでなく、絵画や茶の湯、華道など芸術に通じるものであり、着物や料理、建築などについてもいえることだと思います。

出典　『おくのほそ道』で知られる芭蕉は、俳諧のスタイルは、いつまでも変わることがない「不易」と、絶えず進展し流動する「流行」があるが、その二つのことは根本においては一つであると唱えました。「師の風雅に、万代不易あり、一時の変化あり」（芭蕉先生の俳諧には「いつまでも変わらないもの」と「変わるもの」がある）〈服部《はっとり》土芳《どほう》『三冊子《さんぞうし》』〉

人間 1

大器晩成（たいきばんせい）

意味

人物も大人物であればあるほど、若い時にすぐにできあがるのではなく、ゆっくりと長い時間をかけて成るものであるということ。

使い方

●「この子は大器晩成型だから気長にみてあげてほしい」

▼このことばは、才能を持ちながらそれを発揮できずにいる人や、時勢に合わないで不遇をかこっている人に対して、励ましあるいは慰めるようなときに使います。

今の世の要請は、なんでもはやくはやくで、「速成」を求められます。それに対して、ゆっくりじっくり完成することを目指して自分らしい歩みをするというのが、「速成」のアンチテーゼとしての「大器晩成」の解釈です。

学生がよく「私は大器晩成型だから成果をすぐには期待しないでください」と言います。自分で自分を「大器晩成」というのは、今一生懸命にならないことの言い訳に聞こえます。

出典

出典を探ってみると意外なことに気がつきます。

道家の祖、老子（老聃《ろうたん》）のことばで、『老子』（四十一章）にある「大器は晩成す」とは、

「大方《たいほう》は隅《ぐう》無《な》く、大器《たいき》は晩成《ばんせい》し
大音《たいおん》は声《こえ》希《な》く、大象《たいしょう》は形《かたち》無《な》し」

（このうえなく大きな四角は、角《すみ》を定めることができない。大きな器は完成するのに晩《おそ》く、このうえなく大きな音は、かえって限りなく微《かす》かな音であり、至大の形を持つものは、かえってそれが目に入らない）

とあります。前後の対句の表現から考えると、「大器はいつまでも完成しない」という意味だととれます。

『老子』の本来の意味は、世俗的な「大」「小」の概念を超えて、「大器」は完成することがないということのようです。完成するようでは、「器」が小さいということです。

人間 2

虎《とら》の威《い》を借《か》る狐《きつね》

意味

力の弱い者が権勢のある者の力に頼り、その陰に隠れて威張ること。

使い方

●「彼は社長のお気に入りであることをいいことに、やりたいほうだいだね」「そう、まさに虎の威を借る狐でね、自分をエライと思っているんだよ」

▼主人や親の権力をかさに着て、勝手気ままにふるまう輩《やから》はいつの時代にもいました。実力もないのに威張っていると必ずしっぺ返しがあるものです。夏目漱石《そうせき》の描く坊っちゃんなら、拳固の一つ二つをみまうところでしょう。

故事　中国の戦国時代（紀元前三六〇年ごろ）、楚《そ》の昭奚恤《しょうけいじゅつ》は実力のある将軍として恐れられていました。そこで敵対する北方の六国側は、魏《ぎ》の遊説家《ゆうぜいか》（外交戦略を説いて回る人）である江乙《こういつ》を送り込み、昭奚恤の失脚をはかりました。

ある時、楚の宣帝が、「六国側は我が国の昭奚恤を恐れているというのは本当か」と江乙

に尋ねますと、江乙は、「虎が狐を捕まえて食べようとしましたが、狐は虎に『自分は天帝から百獣の長となるように命ぜられたので、私を食べてはいけない。嘘《うそ》だと思うなら私のあとについてきなさい。百獣はみな逃げ出すから』と言いました。虎が狐のあとをついていくと、はたして獣たちはみな逃げ出しました。虎は自分を恐れて逃げたことに気づかず、狐を恐れたからだと思いました。この話と同じです。六国は昭奚恤将軍を恐れているのでありません。実は王様の威勢を恐れているのです」と語りました。これは『戦国策』の「楚・宣王」に出てくる成句です。

類語　狐虎の威を借る

英語　An ass in a lion's skin.（ライオンの皮を着たロバ）

人間 3

無《な》くて七癖《ななくせ》

意味

どんなに癖がないといわれる人でも、多少の癖があるものだということ。

使い方

●「見合いの相手はどうだった？」

「話すときの癖が気になってよくわからなかったわ」

「無くて七癖というから君にも相手が気になる癖があるかもしれないよ」

▼ことわざは人々の生活の中で語られてきました。そのため、七五調の「笑う門《かど》には・福《ふく》来たる」や「旅は道づれ・世は情け」のように調子のよいものが多くあります。また、「弱り目に祟《たた》り目」「色気《いろけ》より食い気《け》」のように対《つい》の言葉で韻《いん》を踏むものもよく使われます。「無くて七癖」といいますが、この「なな」も「なくて」の「な」の反復によることばの遊びと思われます。「七転び八起き」「七度探して人を疑え」の「七」は何度でもという意味ですから、このことわざは、無いように見えて実はたくさんの癖があるということでしょう。「良き癖は付き難《がた》く、悪《あ》しき癖は去《さ》り難し」「病は治るが、癖は治らぬ」といわれますので、

癖はどうしようもないものです。
　勝負の世界においては、癖を見破られると負けにつながります。野球では、投手のほんのささいな癖から球種や心理状態まで読まれてしまうといわれます。見破られた癖を逆手にとって裏をかいた名投手もいたそうです。
　ことわざどおり、癖のない人はいません。「癖ある馬に能あり」（悪い癖のある馬には、他の馬にない能力があるように、人間も一癖あるくらいの人が他の人にない能力を持っているともいい、癖のない人より強烈な個性の持ち主のほうが貴重な戦力となります。

類語　難無くて七癖・人に七癖我が身に八癖・人に一癖

英語　Every man has his faults.（誰にでも欠点はある）

人間 4

美人薄命（びじんはくめい）

意味

美人は幸せな人生を送れないことが多い。または、美人は寿命が短い。

使い方

●「惜しい女優を亡くしたものだね」
「そう、美人薄命で、若い時から数奇な運命をたどったそうだし」

▼「薄命」は日本では、短命の意味にとられていますが、本来は「不運」の意味です。美しい女性が、人生を楽しむ暇もなく、幸運にはめぐまれずに年をとってゆくことです。

中国の歴史的な美人と言えば、楊貴妃《ようきひ》・貂蟬《ちょうせん》・王昭君《おうしょうくん》・西施《せいし》の四人がまずあがります。その美しさのゆえに、数奇な運命に翻弄され、波乱万丈の人生を送った人たちです。楊貴妃は玄宗皇帝に愛され過ぎて国が乱れ、そのために殺されます。貂蟬だけは『三国志演義』に登場する架空の人物ですが、幼い時に市で売られていた孤児で、政治家の養女となり、暗殺事件で重要な役割を果たします。王昭君は自分の美しさをたのみとし宮廷の絵師に賄賂を贈ら

ず不細工に肖像を描かれた故に匈奴《きょうど》への贈り物にされ、都を離れる運命となります。西施は紀元前五世紀頃の女性で、呉《ご》国と越国の戦いで、敗れた越王から呉王に降伏の印として差し出されました。呉王は西施の美貌に心奪われ、国を傾けたといわれます。「傾国の美人」はここから生まれたことばです。

出典　宋代の蘇軾《そしょく》（一〇三六－一一〇一）に、「佳人《かじん》薄命の詩」があります。

古《いにしえ》より佳人《かじん》は多《おお》く命薄《めいうす》し
門《もん》を閉《と》じ春尽《はるつ》き楊花落《ようかお》つ

（昔から佳人は多く薄命だ　門を閉ざし外に出ない間に春が終わり楊《つげ》の花も落ちてしまう）

類語　佳人薄命

英語　Beautiful flowers are soon picked.（美しい花はすぐに摘まれる）

人間
5

三《み》つ子《ご》の魂《たましい》百《ひゃく》まで

意味

三歳の子どもの性質は百歳になっても変わらない。幼い時の性質は、年をとっても変わらないということ。

使い方

●「三つ子の魂百までというように、幼い時から親のいうことを聞かないで、わがまま放題に育ったのは、何歳になっても治らないみたいだね」

▼このことばは、「三つ子の心六十まで」「三つ子の知恵百まで」「産屋《うぶや》の癖は八十までなおらぬ」など江戸時代からさまざまなかたちでいわれてきました。

「三つ子」は三歳児のことで、双子《ふたご》、三つ子の「三つ子」ではありません。人の性格は三歳くらいまでにその方向性が形成されていくといわれます。

積み木や砂場での遊びを見ているとその子の性格がよくわかります。すぐ飽きてしまう子もいれば、いつまでも遊んでいる子もいます。慎重に積み木を積み重ねる子や、いいかげんに重ねて崩してしまう子など、きっとそのまま成長していくのでしょう。

「氏より育ち」（人間を作り上げるには、生まれた家柄のよさよりも、育つ環境や教育のほうが重要である）ともいわれるように、どのような環境で育つかがとてもたいせつと考えられるのです。人の賢愚は幼い時の教育に左右されます。ですから、親が幼児教育に熱をあげるのもやむを得ないともいえます。

「馬は飼い殺せ、子どもは教え殺せ」で、本当に「殺し」てはいけませんが、馬にはたっぷりの飼料を与えよ、子どもにはできるだけ多くの世の中の知識や知恵を教え込めということわざもあります。

類語　三つ子の魂八十まで・雀百まで踊り忘れず・持った病は治らぬ

英語　The child is father of the man.
（子どもは大人の父親）

友人・仲間
1

昨日《きのう》の敵《てき》は今日《きょう》の味方《みかた》

意味

人は離合集散を繰り返し、その考えや態度は変わりやすい。敵だと思っていた人が急に味方になったり信頼していた味方に裏切られたり、人の関係は頼りにならないたとえ。

使い方

●「昨日けんかしてたのにどうして今日は肩くんで仲がいいの?」
「昨日の敵は今日の味方、人の心は移り変わるものだよ」

▼第二次世界大戦では、日本はアメリカやイギリスを「鬼畜米英」というスローガンで敵対視していました。野球の用語も英語を使わず、ストライクを「良し一本」などとコールしたそうです。しかし戦後になると野球が日米の交流の役割を果たします。無頼派で知られる坂口安吾は『堕落論』の中で、こんな日本人の性格を「最も憎悪心の少《すくな》い又永続しない国民であり、昨日の敵は今日の友という楽天性が実際の偽らぬ心情であろう」と述べています。夏目漱石《そうせき》の『坊っちゃん』では、数学の主任である山嵐と初めは仲違いをして敵対関係に

なります。山嵐は自分が斡旋《あっせん》した下宿屋の「いか銀」が坊っちゃんに骨董品《こっとうひん》を売りつけようとし相手にしなかった坊っちゃんに無実の罪をきせて下宿を追い出したことを知り、坊っちゃんに謝罪します。それから二人は意気投合し、にっくき赤シャツを一緒に懲らしめる友となるのです。

逆に、「昨日の友は今日の敵」ともいいます。プロスポーツの世界でも企業の世界でも、トレードや買収・合併はつきものです。わたしたちの生活の中でも、たとえ今日は敵であっても互いに認め合える関係であれば、いつか友となれる日もあるかもしれません。

類語　昨日の敵は今日の友

反対語　昨日の情けは今日の仇《あだ》・昨日の友は今日の仇・昨日の淵は今日の瀬

友人・仲間
2

君子《くんし》の交《まじ》わりは淡《あわ》きこと水《みず》の如《ごと》し

意味

徳のある人の、友人と交際する仕方は、まるで水のように淡泊ではあるが長続きする。

使い方

●「彼とは時々しか会わないようだけれど長いつきあいみたいね」
「三十年。淡きこと水のごとしでお互いうるさいことは言わないから」

▼ いつの時代にも自分の利益だけを考え、友達を利用できるか利用できないか、利益があるか利益がないかで選ぶ人間はいます。それまで親友だと思ってつきあってきた友人も、こちらに利用価値がないとわかるとすぐに周りからいなくなるのもいつの世も変わりません。
それに、こんなことばがあります。「りっぱな教養ある人のつきあい方は、淡々として水のようであり、つまらない人のつきあいは甘ったるいがすぐに途絶える」と。大した理由もなしにくっつく人間は、すぐにまた大した理由もなく離れてしまうものです。

出典 『荘子《そうじ》』山木篇《さんぼくへん》に次のような話があります。

林回という男は国を逃げ出すときに、宝物である璧《へき》（玉器）を持って逃げずに、赤ん坊を背負って逃げました。ある人が赤ん坊を選んだ理由をたずねると、林回は「あの高価な璧は『利害』の打算によってわたしと関係を結んだものです。この赤ん坊は『天』すなわち『運命』によってわたしと親子の関係を結んだのです。『利』をもって『天』に代えることはできません」と答えました。

「利」による関係、結びつきは、逆境や危難のときには見捨てられます。しかし、「天（運命）」による結びつきは、どんな困難な状況においてもかばいあうものです。

この句は『礼記《らいき》』坊記篇にも見られます。

反対語　小人《しょうじん》の交《まじ》わりは甘《あま》きこと醴《れい》の如《ごと》し

友人・仲間
3

犬猿《けんえん》の仲《なか》

意味

顔を合わせるといがみ合うような間柄で、とても仲が悪いこと。

使い方

●「あの二人また口論をしているよ」
「ああ、あの二人は犬猿の仲みたいだよ」

▼ちょっとしたきっかけで友達になることはよくあります。なんとなく「馬が合う」（馬と乗り手の息がぴったり合うことから、互いに気心が合うこと）感じがして、つきあうことも多くあります。

幼馴染《おさななじ》みは、「竹馬《ちくば》の友」。学生時代のようにみんなが同じ制服を着て、家柄に関係なくつきあっている関係は、「布衣《ほい》の交わり」。この人がいなくては生きていられないほど必要とするのは、「水魚《すいぎょ》の交わり」。この人のためなら命も差し出すのは、「刎頸《ふんけい》の交わり」といいます。

馬や犬、猫や鼠《ねずみ》、鳥や虫も人間の仲間です。時には人間よりもよっぽど心を癒やしてくれ

るたいせつな友でもあります。
人間同士はいつも仲がいいとは限りません。「水と油」「氷炭《ひょうたん》相《あい》容《い》れず」は交じり合わないもののたとえです。うまくいかない仲も当然あります。なんとかうまくいかせようなどと思うと「八方美人」で疲れてしまいます。
犬と猿は仲が悪いとされています。顔を合わせるといがみ合い、つかみ合い咬《か》みつき合う勢いです。人とそんな関係だったら、距離を置き近寄らないようにします。
鴨長明《かものちょうめい》は『方丈記』の中で、「ただ糸竹花月を友とせんにはしかじ」（ただ楽器や春の花や秋の月を友としているほうがよいだろう）と風流を友とするのがよいといっています。

類語　犬と猿・犬猿もただならず

反対語　魚と水

友人・仲間
4

朱《しゅ》に交《まじ》われば赤《あか》くなる

意味

人は交際する仲間によって感化されるものであるから、友達しだいでよくも悪くもなるというたとえ。

使い方

●「学校に入って、遊んでばかりいる悪友ができて、落第したんだって?」「そうなんだ。あのころは、『朱に交われば赤くなる』ということわざが両親の口癖になっていたほどだったよ」

▼太った家族がいる家では、肥満は許容されるそうです。子どもの肥満が問題になりますが、肥満児の家族には、肥満が多く、体重オーバーを悪いことではないと受け入れている傾向があるそうです。ですから肥満は遺伝というより、太っていても問題はないというメッセージを発信し、受け取っていることから来るようです。

蓮《はす》の花は、どんな泥の中にあっても、一点のシミもない美しい花を咲かせます。これは、インドでは「プンダリーカ・スートラ」という仏教のお経になり、中国で「法華経《ほけきょう》」と訳さ

れました。「蓮の花の教え」ということです。仏教で蓮の花をたいせつにするのはこのためです。しかし、泥の中で泥に染まらないというのは難しいことです。

このことわざは、多く悪い場合に使われます。悪くなるのは人のせいということでしょうか。周囲に染まらずに生きることは難しいことですね。

類語　丹《たん》の蔵《ぞう》する所《ところ》の者《もの》は赤《あか》く、漆《うるし》の蔵する所の者は黒《くろ》し・麻《あさ》に連《つ》るる蓬《よもぎ》・蓬麻中《まちゅう》に生《しょう》ずれば扶《たす》けずして直《なお》し・水は方円の器《うつわ》に随《したが》う

反対語　泥中《でいちゅう》の蓮《はす》

英語　He who touches pitch shall be defiled therewith.（ピッチ〔コールタール蒸留後に残る固形物〕に触れる者は汚れる）

友人・仲間 5

傍若無人（ぼうじゃくぶじん）

意味

そばに人がいてもかまわず、勝手気ままにふるまうこと。

使い方

- すべてのものを壊していった敵の傍若無人振《ぶ》りには、本当に恐れを感じた。
- 一晩中、駅前で騒いでいた若者の傍若無人には、ほとほと参りました。
- 海岸には、見上げるような防波堤が傍若無人な姿を見せていた。

▼列車や商店街などの公共の場で、若者たちがたむろしたり大騒ぎをしたりして、周りの人の迷惑を顧みない行動をするときに、「あいつらの傍若無人なふるまいは許せない」などといいます。学生たちの中には今でも、酒に酔って大声を出したり、道で人や車の通行の邪魔をしたりする者もいるでしょう。でも、一昔前はそれが「蛮カラ」などといわれ、今ほど厳しい目で見られたわけではありません。

今では悪い意味に使いますが、もともとは、友人同士の仲のよさを語る文章から出たこと

ばです。周りを気にせず友と酒を酌み交わし、楽器を奏で、歌をうたう。すばらしい友情の一コマです。

出典 司馬遷《しばせん》『史記』刺客伝《しかくでん》の「荊軻《けいか》酒を嗜《たしな》み、日《ひび》に狗屠《くと》及び高漸離《こうぜんり》と燕《えん》の市《し》に飲む。酒酣《たけなわ》にして以往《いおう》は、高漸離筑《こうぜんりちく》を撃《う》ち、荊軻和《わ》して市中に歌い、相《あい》楽しむなり。已《すで》にして相泣き、旁《かたわら》に人無《ひとな》き者《もの》のごとし」（荊軻は酒が好きで、毎日犬を処分する業者や高漸離たちと燕の街で酒を飲んでいた。酒盛りが最高潮に達すると、高漸離が筑（琴のような楽器）を打ち鳴らし、荊軻が歌って街を歩いて楽しんだ。それはあたかもそばに人がいないようなふるまいだった）より。

類語 眼中《がんちゅう》人無し

コラム1　からだのことわざ１（五十音順）

揚げ足を取る　ちょっとした失敗をとらえて、相手を責めること。

頭隠して尻《しり》隠さず　一部分だけを隠して、全部隠していると思い込んでいること。

壁に耳あり障子に目あり　とかく秘密は漏れやすいということ。

口は禍《わざわい》の門《かど》　うっかりしたことを言うと、それが不幸を招くもととなること。

上手の手から水が漏れる　どんな上手な人でも、ときには失敗することがある。

喉元《のどもと》過ぎれば熱さを忘れる　苦しいことも過ぎ去ってしまえばすぐ忘れてしまう。

暖簾《のれん》に腕押し　ちっとも手ごたえのないこと。

腹が減っては戦《いくさ》ができぬ　空腹では十分に活動できないということ。

人の口に戸は立てられない　人がうわさをするのを止めることはできない。

仏の顔も三度　どんなに優しい人でも、ひどいことを何度もされれば怒るということ。

実るほど頭《こうべ》の下がる稲穂かな　学問や徳行が深くなれば、かえって謙虚になる。

目には目を歯には歯を　相手からされたことと同じ仕返しをすること。

目は口ほどに物を言う　ことばに出さなくても、目の表情で人の気持ちはわかる。

両手に花　二つのよいものを同時に手に入れること。

第2章

まちがいやすい故事ことわざ

挙《あ》げ句《く》の果《は》て

意味

最後の最後。結局。

使い方

● いろいろ工夫したがうまくいかなかった。失敗を繰り返した挙げ句の果てに多額の借金が残った。

誤用例

● 人々の血の滲《にじ》むような苦労があった挙げ句の果てにダムは完成した。

▼ 鎌倉時代から室町時代に流行した文芸に連歌《れんが》があります。連歌の最初の句（五・七・五）は「発句《ほっく》」、最終句の「七・七」を「挙げ句」といいます。「挙げ句」は、最後に来る句であることから、最終的な結果や結末を意味するようになります。「……した挙げ句（に）」とも用いられます。「いろいろ考えた挙げ句、結婚を決意した」と「挙げ句」は悪い場合でなくても使います。しかし、最終的な結末であることを強調するために、「果て」をつけて「挙げ句の果て」となると、使い方に示したように、失敗したり

悪い方向へ進んだりした場合に用いられ、誤用例のようなよい場合には使いません。

類語に「とどのつまり」があります。「とど」は海獣のトド（胡獱）ではなく、出世魚と言われる「ボラ」のことです。ボラは、「ハク→オボコ（イナッコ・スバシリ）→ボラ→トド」と成長するに従って名前を変えていきます。この「とどのつまり」もたいしてよくない結果に終わった時に用いられます。

反対に、よいものにしか用いられない慣用句に、「指折り（屈指）」があります。

「世界でも指折りのおいしいレストランが集まる都市」とはいえますが、「世界でも指折りのラッシュアワーのある都市」とはいいません。

類語　とどのつまり

溺《おぼ》れる者は藁《わら》をもつかむ

意味

困りきっている者は、助かりたい一心から、手段を選ばず、およそ頼りにならないものにでもすがろうとするということ。

使い方

●「彼は何を血迷ったか、ぼくのような素人にまで助言を求めていたよ」「溺れる者は藁をもつかむ。それほど追い詰められていたのだろう」

誤用例

●「先生、受験まで時間がないのですが、どうしたらいいか教えてください。もう溺れる者は藁をもつかむ気持ちです」

▼人は誰でも溺れそうになると、手に触れたものなら何でもつかんで助かろうとします。それがたとえ藁のようなとても役に立つとは思えないものでも。

誤用例は、私が実際に学生から言われたことばです。私は苦笑いしかできませんでした。なぜなら、相手は追い詰められた気持ちになっている受験生です。ことばの使い方の誤りを

指摘して、学習意欲をそぐわけにはいきません。そのくらい追い詰められているという状況が、このことば遣いにも表れています。

当人のいないところで、「藁をもつかむ気持ちで先生に相談に行った」と言うことは可能ですが、その相手に直接言うと「あなたは当てにならない人ですが、もしかして助けになるかも」という失礼な意味になります。

似た表現に「枯れ木も山のにぎわい」（とるに足りないものであっても、ないよりはましだ）があります。会に集まった客に向かって言うと失礼きわまりないことになります。

類語　藁にも縋《すが》る・困ったときの神頼み

英語　A drowning man will catch at a straw.（溺れる者は藁をもつかむ）

隗《かい》より始《はじ》めよ

意味

優れた人材を求めたいなら、身近な人物をたいせつにすることから始めよということから、遠大な計画も、まず手近なところから着手せよということ。

使い方

●「隗より始めよというから、新人のAさんをリーダーに抜擢《ばってき》してみるか」「それくらいなら我こそが、と思う人が立候補するかもしれませんね」

誤用例

●「隗より始めよといいますので、このプランは、まず発案者の私から説明をさせていただきます」

▼誤用例の使い方も、『ことわざの読本』（小学館）では「転用されて『言いだした者からやり始めるべきだ』の意味も持ち、今では定着している」とされ、『成語林』（旺文社）でも「何事も言い出した者から、まず実行すべきであるの意にも用いられる」とあります。ということは、すでに世の中では、こちらの使い方も認知されたとすべきでしょうか。

故事　中国の戦国時代、郭隗《かくかい》が、燕《えん》の昭王に賢者を用いる方法を聞かれ、「賢者を招きたいならば、まずこのわたくし、隗から優遇しなさい、そうすれば優れた人材が次々と集まるでしょう」と答えました。そして「千里の馬」のたとえ話をします。

昔、ある国王が、一日に千里も走ることのできる名馬を求めようとして、役人に千金を与えて探させました。しかし、役人は「千里の馬」の死んだ骨を五百金で買ってきました。それなら生きている馬ならどんなに高く売れるだろうと人々は思い、一年も経《た》たないうちに三頭もの「千里の馬」が集まりました。

昭王は郭隗を厚遇し、優秀な人材が我も我もと集まってきました。〈戦国策〉

類語　死馬の骨を買う

確信犯（かくしんはん）

意味

政治的・思想的・宗教的などの信念に基づいて、正しいと信じてなされる行為。または、その行為を行う人。

使い方

●「逮捕されても、信念を貫こうとするなんて、やはり確信犯だ」

誤用例

●「彼はカンニングをしたことをほんの出来心だと言っているけれど、本当は確信犯だと思うわ」

▼文化庁の「国語に関する世論調査」（二〇一五年度）では、「確信犯」の意味を正しく回答したのはわずかに17・0％で、69・4％が「悪いことだとわかっていながらなされる行為（または、その行為を行う人）」だと答えました。

「確信犯」は、法律に関係する学術用語として使われ始めたものです。しかし、政治的な犯罪行為は最近「テロ（リズム）」と呼ばれることが多くなり、「確信犯」は「悪いとわかって

いながらわざと犯罪行為をする」ことに使われるようになりました。

『日本国語大辞典』（小学館）は「②俗に、トラブルなどをひきおこす結果になるとわかっていて、何事かを行うこと。また、その人」と新しい使い方も許容しています。しかし、『岩波国語辞典』（岩波書店）では、「1990年ごろから、悪いとは知りつつ（気軽く）ついしてしまう行為の意に使うのは、全くの誤用」と言い切っています。

国家が暴走して、独裁政治や戦争状態になったとき敢然と立ち向かう「確信犯」はのちに英雄視もされます。しかし、みずから信じる宗教や思想のために他者を巻き添えにする行為は「テロ（リズム）」としか呼べません。

気《き》が置《お》けない

意味

気を遣ったり遠慮したりする必要がなく、親しみやすく気楽に付き合える。

使い方

●「彼は幼馴染《おさななじみ》で、気の置けない間柄だから、何でも相談ができる」

誤用例

●「彼は気の置けない人だから、注意してよけいなことは言わないほうがいい」

▼「気が置けない」は、本来「気を遣う必要がない」という意味ですが、近年「気をつけなくてはいけない、気を遣わなくてはいけない」というまったく反対の意味だと理解している人が増えています。

明治四三年に発表された森鷗外《おうがい》の『青年』では、

「あのお雪さんは度々この部屋へ来た。いくら親しくしても、気が置かれて、帰ったあとでほっと息を衝《つ》く。あの奥さんは始めて顔を見た時から気が置けない」

と、お雪さんは、「気が置かれ」る（なんとなくうちとけられず、遠慮される）人で、奥さんは、「気が置けない」人だといいます。

古典では、「心置く」ということばがあります。『源氏物語』の帚木《ははきぎ》の巻、雨夜《あまよ》の品定《しなさだ》めの場面では、「好きたわめらむ女に心おかせ給へ」（浮気でなびきやすい女性には用心なさいませ）とありますし、『徒然草《つれづれぐさ》』三十七段にも「我に心をおき、ひきつくろへるさまに見ゆるこそ、…よき人かなとぞおぼゆる」（こちらに遠慮して、特別改まったようすに見えるこそ、…すばらしい人だなあと思われる）と、親しい人がしばらく時間が空いてからあったときに、すこし改まったように接するのもよいという場面で使われています。

反対語　気が置ける

私淑（ししゅく）

意味

その人に直接教えを受けることはないが、その人の人柄や言動をひそかに模範として学び、師に対するような尊敬の念を抱くこと。

使い方

●この本の著者には会ったことがありませんが、私が私淑する作家です。

●私はあの先生のことを、学生時代に指導を受けてから長年私淑し続けております。

誤用例

▼直接教えを受けている師に私淑するという言い方をするのは間違いです。「私淑」とは元来「私《ひそ》かに淑《よ》し」とすることです。「私」を「個人的に」とか「自分から」の意味にとったことから、今日の誤用が生まれたと考えられます。

大正から昭和の初めに出された『初等科修身』や『尋常小学国語読本』に、「松坂の一夜」という話があります。松坂（松阪）で暮らす本居宣長《もとおりのりなが》（当時三十四歳）は、国学の大家であ

る賀茂真淵《かものまぶち》（当時六十七歳）が伊勢へ参宮に来ていることを知り、旅籠《はたご》「新上屋《しんじょうや》」で対面を果たします。宣長は真淵の本を読み、国学研究を志しました。そして師の心を自分の心として古典を研究しようと努めてきました。この一夜の出会いにより宣長は『古事記』の研究を本格化させ、三十四年の年月を経て『古事記伝』を完成させることになります。それまで、宣長は真淵を「私淑」していたからこそ、一夜の出会いがあり、彼の学問の発展があったのです。

出典「予未《われいま》だ孔子《こうし》の徒《と》たるを得《え》ざるなり。予《よ》私《ひそ》かに諸《これ》を人《ひと》に淑《よ》くするなり」（私は今まで孔子の直接の弟子とは成り得なかった。しかし私は孔子の教え伝える人から学びひそかに身を修めて善くしたのである）〈『孟子《もうし》』離婁《りろう》・下〉

寸暇《すんか》を惜《お》しむ

意味 ほんのわずかな暇もたいせつにする。

使い方 ●彼は寸暇を惜しんで受験勉強に打ち込んだ。

誤用例 ●彼は働きながらも寸暇を惜しまず練習を続けました。

▼「寸暇を惜しまず」という間違いは、すべての世代で見られるのですが、四十代より上の世代でも六割あるといいます。正しく「寸暇を惜しんで」と使うのは二十代がもっとも多いという面白い統計もあります。なぜ「寸暇を惜しまず頑張ります」などと言ってしまうのかは、「骨身を惜しまず」「苦労を厭《いと》わず」などとの混同が考えられます。

「寸暇」の「寸」は、わずかな、ごく少しである、という意味です。「寸志《すんし》（心ばかりの贈物）」「寸劇《すんげき》（軽い内容の短い劇。コント）」「寸評《すんぴょう》（短くまとめた批評。コメント）」などに使われます。「暇」は「いとま」で時間を表します。

関連　『晋書《しんじょ》』の陶侃《とうかん》伝に、陶侃が人に向かって、「大禹《たいう》は聖者なるに、乃《すなわ》ち寸陰を惜しむ。衆人《しゅうじん》に至りては当《まさ》に分陰《ふんいん》を惜しむべし」（大禹のような聖人でも短い時間を惜しんだ。だから当然普通の人においてはもっと短い時間〔「分」は「寸」の十分の一〕をも惜しむべきだ）と常に口にしていたとあります。

陶淵明《えんめい》の詩にも「古人は寸陰を惜しめり」と年の過ぎゆくことを嘆いています。「光陰矢《こういんや》の如《ごと》し」ともよくいわれます。

また、「暇《ひま》に飽《あ》かして」何かをするのは、いいかげんにするのではなく、時間を十分にかけて行うことです。

類語　寸陰を惜しむ・寸陰を重んず・惜陰・歳月人を待たず・隙行《ひまゆ》く駒《こま》

他《た》山《ざん》の石《いし》

意味

自分の人格を磨くのに役立ち戒めとなるような、他人のよくない言行のたとえ。

使い方

● 私の苦い経験が、皆さんにとって他山の石になればと思います。

誤用例

① その出来事は私にとって他山の石であり、まったく関心が持てない。
② 「尊敬する祖父の生き方を他山の石とし、これからも努力します」
③ すばらしいと思っていたあの作品も、他山の石にすぎなかった。

▼ 誤用例①は、「他山の石」を自分と無関係の「他人事」としています。②は「他山の石」を、目上の人の言行や手本となる言行の意で使っています。③は「他山の石」を、ただつまらない価値のないものとして扱っている点が間違いです。
よその山から出た粗悪な石でも、自分の宝石を磨く役には立つということですから、「他

山の石」は「他人の誤った言行」でなくてはなりません。しかし、十代の四割近くは「他人の良い言行」と勘違いしています。若者たちの誤りも「他山の石」としなくては。

出典　鶴は九皐《こう》に鳴いて　声天に聞こゆ　魚は渚に在り　或《ある》いは潜んで淵に在り　彼《か》の園を楽しめども　爰《ここ》に樹檀有り　其《そ》の下にこれ穀あり　他山の石　以《もっ》て玉《ぎょく》を攻《おさ》むべし
（鶴が沢深くで鳴きその声は天までとどく。魚は渚にいて時に淵にひそむ。この園を楽しむがここに樹檀がある。その下には楮《こうぞ》。他の山から出る粗悪な石も自分の玉を磨く砥石《といし》にできる）〈『詩経《しきょう》』小雅《しょうが》・鶴鳴篇《かくめいへん》〉

類語　人のふり見てわがふり直せ

英語　The fault of another is a good teacher.（他人の失敗はよき師である）

流《なが》れに棹《さお》さす

意味

流れに乗って棹を操り舟を進めるように、物事に勢いをつけて順調に進むようにすること。

使い方

● あの会社は、ヒット商品のおかげで、流れに棹さす勢いで大きくなった。

誤用例

● 彼は世の中の流れに棹さして文明の利器を使わない。

▼ 明治の文豪、夏目漱石《そうせき》の小説『草枕』の冒頭に、「山路《やまじ》を登《のぼ》りながら、こう考えた。智《ち》に働けば角《かど》が立《た》つ。情《じょう》に棹《さお》させば流《なが》される。意地《いじ》を通《とお》せば窮屈《きゅうくつ》だ。とかくに人の世は住みにくい。」とあります。感情に流されて、感じるまま思うがままに行動をすると自分の行動の制御がきかず、暴走してしまうということでしょう。漱石は、感情に流されず、人の世の中に起こることを少し離れた視点で見る態度をたいせつにしていました。

「流れに棹さす」という語句の意味を、文化庁の調査では六割近い人が、「傾向に逆らい、

勢いを失わせる行為をすること」と考えています。しかし、正しい意味はまったく逆の「傾向にのって、勢いを増す行為をすること」なのです。

川を下る筏《いかだ》は何もしなくとも下流へと流されていきます。筏にのった船頭が、棹を使って勢いをつけると筏は、コントロールを失って、突き出した岩や、川岸の岩に激突しかねません。漱石の「情に棹させば流される」のことばも、なるほどと理解できます。

この誤りは、「水を差す（物事をわきから邪魔をする）」という慣用句から、「棹さす」を棹で流れに逆らうと考えたためでしょう。

類語　順風に帆を上げる

情《なさ》けは人《ひと》の為《ため》ならず

意味

人に親切にすれば、それはいつかめぐりめぐって、自分によい報いとなって返ってくるということ。

使い方

● 情けは人の為ならずというから、今日は一杯おごっておいた。あとで何かいいことがあるかもしれない。

● 「いやな仕事を頼まれちゃったよ」「でも、情けは人の為ならずともいうから、引き受けてみたら」

誤用例

● ここで甘やかすと情けは人の為ならず、世間を甘く見てしまう。

▼ 昨今《さっこん》はなんでも自己責任の時代です。お節介《せっかい》は嫌われます。学校で忘れ物をした生徒に、先生が教科書や鉛筆を貸そうとすると、「先生！『情けは人のためならず』といいます。忘れたのは忘れた人がいけないので、ここで助けてあげると、その人のためになりません。そ

れに、持ってきた人もいるのだから、ずるいと思います」と生徒から意見されます。

これは、「情けをかけることは、その人のためにならない」と意味を取り違えているのです。

人に情けをかけるのは、その人のためにだけではなく、まわりまわって自分のためになることです。そうなると今度は、「結局、全部自分のためですか。なんかとってもも自己チューでやだー」と言われてしまいます。「お互い様」の精神は、通じないようです。

出典　「今の師直《もろなお》鎧《よろい》を与《え》へずは、上山命に代《かわ》らんや。情《なさけ》は人の為ならずとは、加様《かよう》の事をぞ申すべき」〈太平記〉

類語　思えば思わるる・人を思うは身を思う

的《まと》を射《い》る

意味

正確に物事の要点をとらえるたとえ。

使い方

●今回の会議での彼の発言は的を射た正論だった。

誤用例

●「彼女の質問は実に的を得ていたね」
「たしかに。あの質問は的をついてたよ」

▼「的を射る」は矢を的に当てるの意味で使われてきましたが、要点を正しくとらえるという意味に使われだしたのは、比較的新しいことのようです。漢文では、「正鵠《せいこく》を失わず」（物事の要点や核心を外さないで、正しくおさえる）が『礼記《らいき》』に見られ、よく使われています。「正鵠」は的の中心のことです。当たり外れは、「得失」といいます。おそらく、この正鵠を「的」に置き換えて、「的を得る」「的を射る」ということばがひろまったのではないでしょうか。ですから、戦後の日本を代表する作家、坂口安吾や高橋和巳《かずみ》の文章にも「的を得る」とい

う表現があります。日本文学の学術的な本でも「的を得る」を使っている学者が多く見られます。国文学の大野晋《すすむ》氏や、言語学の鈴木孝夫氏の文にも「的を得る」と「的を射る」の両方の表現があります。

ところが、辞書や新聞などでは〈正しい日本語〉は「的を射る」であり、「的を得る」を誤用とするものが多くあります。そのためか、文化庁の調査でも平成十五年度には「的を得る」を用いる人が多かったのに、平成二十四年度には、「的を射る」が逆転します。

しかし先にも述べましたが、どちらも使われてきた経緯からいえば、必ずしもどちらが正しいといえない気もします。

類語　正鵠を得る・正鵠を射る・正鵠を失わず

役不足（やくぶそく）

意味

俳優などが振り当てられた役に満足しないことから、その人の力量に比べて、与えられた仕事が軽すぎること。

使い方

●たいして重要でない仕事を任せられると、実力を十分に発揮できず、くやしくてイライラします。そんなときは上司に役不足を訴えます。

誤用例

●「今度の試合ではセンターフォワードを任せる。思う存分実力を出してくれ」
「はい、自分では役不足だと思いますが、精一杯がんばります」

▼ある結婚式のことでした。一部上場企業の部長さんが、部下の仲人《なこうど》をしていたのですが、関係会社の偉い方々がたくさん列席していたからでしょうか、おそらく緊張していたのでしょう。
「わたくしなどが仲人を仰せつかって、はなはだ役不足ではございますが、今日は若い二人

の門出《かどで》のために、精一杯《せいいっぱい》努めさせていただきます」

とはじめの挨拶から間違ってしまいました。「はなはだ役不足」とは、自分にこんなつまらない役をおしつけて、非常に不満だと言っていることになります。つまりこの部長さんの言い方は、とても尊大で偉そうに聞こえてしまうのです。

この間違いはおそらく、「力不足《ちからぶそく》」や「力量不足」との混同からきているのでしょう。

関連　「くじ次第《しだい》にして、役不足《やくぶそく》をいひ《ぃ》っこなしだよ」〈滑稽本《こっけいぼん》『花暦八笑人《はなごよみはっしょうじん》』〉

「べら坊《ぼう》めヱ《え》、幕切《まくぎれ》が関羽《かんう》の木像を見て目を廻《まわ》した揚句《あげく》に、盗人に衣服を剥《は》がれる狂言が仕組まれるものか。両国《りょうごく》の村右衛門《むらえもん》でも役不足だは」〈仮名垣魯文《かなかきろぶん》『西洋道中膝栗毛《ひざくりげ》』〉

コラム2 からだのことわざ２

頭 頭の上の蠅《はえ》も追われぬ・怒り心頭《しんとう》に発する・鰯《いわし》の頭も信心から・正直の頭《こうべ》に神宿る・心頭滅却すれば火もまた涼し

顔 顔で笑って心で泣く・借りる時の地蔵顔済ます時の閻魔《えんま》顔

耳 馬の耳に念仏・耳が痛い・耳に胼胝《たこ》ができる・耳より入りて口より出《い》づ

目 鬼の目にも涙・二階から目薬・目から鱗《うろこ》が落ちる・目糞《めくそ》鼻糞を笑う・目の上の瘤《こぶ》・夜目遠目笠《かさ》のうち・弱り目に祟《たた》り目

鼻 木で鼻を括《くく》る・目から鼻に抜ける

口 死人に口なし・仲人口は半分に聞け・一人口は食えぬが二人口は食える・病は口より入り禍《わざわい》は口より出ず・良薬は口に苦し

手 得手に帆を揚げる・痒《かゆ》い所に手が届く・口も八丁手も八丁・その手は桑名《くわな》の焼き蛤《はまぐり》・手のない将棋は負け将棋・訛《なま》りは国の手形

腹 痛くもない腹を探られる・思うこと言わねば腹ふくる・すりこ木で腹を切る・背に腹は代えられぬ・茶腹《ちゃばら》も一時・腹八分目に医者いらず

足 足下《あしもと》から鳥が立つ・棺桶《かんおけ》に足を突っ込む・地獄の上の一足飛び・千里の行《こう》も足下《そっか》に始まる・二足の草鞋《わらじ》を履く

背 鴨《かも》が葱《ねぎ》を背負《しょ》って来る・どんぐりの背比べ・夕立は馬の背を分ける

第3章

仏教から出た故事ことわざ四字熟語

一蓮托生（いちれんたくしょう）

意味

どのような結果になるとしても、行動・運命をともにすること。

使い方

● おまえとはけっしてしっくりいっている仲ではなかったが、いまや一蓮托生だ。

▼ 奈良・東大寺の大仏様（盧舎那仏《るしゃな》）は大小二十八枚の蓮華《れんげ》の花弁に飾られた台座にお座りになっています。これは、『華厳経《けごんきょう》』に説かれる仏様の世界をよく表しています。それは、「香水海《こうずいかい》」という清い真水の大海の上に一輪の巨大な蓮華があり、その上は大地になっており、そこにはまた無数の香水海があって、そのそれぞれに一輪ずつの大蓮華があるといいます。その上には無数の世界が積み重なり、それぞれの世界に無数の仏国土があるという複雑な構造をもっています。仏様の左右にも蓮《はす》の花をお供えしています。『妙法蓮華経』（略して『法華経《ほけきょう》』）はサンスクリット語で、サッダルマプンダリーカ・スートラ（白蓮華のような妙《たえ》なる仏の教え）といいます。泥の中にあっても一点のシミもない美しい蓮の花に仏の教えをたとえています。

極楽浄土とはどのような世界でしょうか。平安時代の終わりに、末法《まっぽう》の世が来るといわれ、人びとはおそれ慄《おのの》き、宇治の平等院鳳凰《ほうおう》堂をつくり、曼荼羅《まんだら》図を描き、仏のいる浄土を心に思い浮かべたのです。

仏教では、死後に極楽浄土で同じ蓮華の上に生まれ変わることを「一蓮托生」といい、そこから結果の善悪にかかわらず、行動や運命をともにすることをいうようになりました。現在は、あまりいい意味では用いません。

しかし、本来は「この世（現世）だけでなく、死んだ後も一緒にいよう。一蓮托生の心で後生《ごしょう》を契る」などと用いられました。

「托生」は「託生」とも書きます。自らの生を他者にあずけるということです。

類語　蓮《はす》の台《うてな》の半座《はんざ》を分《わ》かつ

いまわの念仏《ねんぶつ》誰《だれ》でも唱《とな》える

意味

誰もが臨終のときには、念仏を唱える気になるが、ふだんは信心するものはまれであるということ。

使い方

●「若いのに墓参りとはえらいね。いまわの念仏誰でも唱えるというけれど、日頃の信心こそがたいせつだよ」

▼「どろなわ」ということばがあります。泥でつくった縄ではなく、泥棒をつかまえてから縛るための縄を綯《な》うということで、準備が間に合わないことをいいます。人は、「焦眉《しょうび》の急《きゅう》」になって慌ててその対策をしようとするものです。

「いまわ」は「今際」で、「今は限り」の意味です。つまり臨終のときです。現在は、家に帰ってきたとき、「ただ今（帰りました）」と言いますが、古典では、「今は（もうこれまで、いざさらば）」と別れの挨拶でした。

人は、今にも死にそうとなると、それまで仏に祈りを捧げたことのない者も、どうか極楽

浄土にお導きください、地獄にだけは落とさないでくださいと祈ります。宗教というものは、ふだんは信心のない愚かな衆生《しゅじょう》を救済するためのものでもあり、一回でも「南無阿弥《なむあみ》陀仏《だぶつ》」と唱えた者は救われるという教えもあります。人びとはもうだめだというときにも「南無阿弥陀仏」とよく唱えます。

死んだ祖先を「仏様」といいます。かつての日本人の生活では、毎朝、炊き立てのご飯はまずは仏様にさしあげてから家族みんなも食べたものです。格別の信心がなくても、仏様とともに日常の生活があったのです。しかし今は、仏壇のない家庭も多いことでしょう。都会の狭い住まい暮らしでは無理もないことですが、困ったときの神頼み、仏頼みではなく、ふだんからの信心もたいせつです。

有頂天《うちょうてん》になる

意味
大喜びをして訳がわからない状態に舞い上がること。

使い方
●彼は好きな子から良い返事をもらい有頂天になった。

▼仏教の世界観では、この世の中で、我われ衆生《しゅじょう》は、輪廻《りんね》転生を繰り返します。その輪廻をする範囲を六道《ろくどう》や三界《さんがい》で示します。

三界とは、欲界《よくかい》・色界《しきかい》・無色界《むしきかい》のことです。「有頂天」とは、三界のなかで最も高い場所、つまり無色界の頂（色究竟天《しきくきょうてん》）を指します。

欲界は、欲望に支配された衆生の世界です。色界は、欲望の支配を越えたけれど、まだ物質などの条件によってさまざまな制約を受ける世界です。無色界は、欲望からも物質からも制約を受けないで、ただ精神的なものからだけ制約を受ける世界です。

これを六道に当てはめますと、地獄《じごく》・餓鬼《がき》・畜生《ちくしょう》・阿修羅《あしゅら》・人や天の低位にいる者は欲界に住み、天の中位にいる者は色界に、天の上位にいる者が無色界に住むとされます。

天にいてもまだ輪廻をします。輪廻をしなくなることを「涅槃《ねはん》に入《い》る」といい、絶対的な静寂の境地にいて、煩悩《ぼんのう》の炎を滅した状態になります。仏教の目指す境地はここにあります。

有頂天までのぼる意から、「有頂天」は、我を忘れて夢中になり他を顧みない状態をいいます。江戸時代の浮世草子では、「女郎巧者の手管《てくだ》を以《もっ》て諸客を有頂天へのぼし」て、客のお金を巻き上げる場面に用いられています。今は「大学受験に合格して有頂天になる」などと大喜びで無我夢中の状態にふつうに使いますが、ずいぶん色っぽい場面で使われていたことばでした。

類語　有頂天に登り詰める・有頂天へのぼす（＝釣り上げる）・有頂天竺唐夢中《うちょうてんじくからむちゅう》

後生《ごしょう》を願《ねが》う

意味

死後の世界で極楽へ生まれ、安楽を得ることを願うこと。また、仏の加護による幸運を祈ること。

使い方

● 後生を願って観音霊場巡りをしています。

▼ 仏教では、魂は輪廻《りんね》を繰り返すと考えます。今生きているこの世を「現世」、生まれてくる前の世を「前世《ぜんせ》」といいます。死んで生まれ変わる世を、現在では「来世《らいせ》」ということが多いのですが、かつては、「後世《ごせ》」「後生《ごしょう》」または「後の世《のちのよ》」といいました。これら「前世・現世・後世」を合わせて「三世《さんぜ》」といいます。

現世での運命は、前世での行いによって決まっています。受験も恋も前世が原因となって、現世に結果が現れます。では、現世での努力は無駄かというとそうではありません。人間界に生まれ変わったわたしたちは、自分の努力によってどう生きるか決めることができます。人は、上品《じょうぼん》・中品《ちゅうぼん》・下品《げぼん》に分かれ、それぞれがさらに上生《じょうしょう》・中生《ちゅうしょう》・下生《げしょう》に分かれ、合わせ

て九つのカテゴリーがあると考えます。よい生まれでもひどい生き方をすると「上品・下生」になり、日常的に生き物を殺生《せっしょう》しなくてはいけないような生まれでも、常に供養の心を忘れない「下品・上生」の生き方があります。そしてそれぞれを救う仏様がいて、「九《く》品仏《ほんぶつ》」が祀《まつ》られる寺もあります。

「後生だから、ちょっと何も言わないで」と人に折り入って頼むときにも使います。

「後生願いの六性悪《ろくしょうあく》」というのは、後生の安楽を願う者は、本来なら現世で善行を積むはずなのに、そういう人に限って、陰険な行為をするひどい奴だということです。

類語　後世を願う

護摩《ごま》の灰《はい》

意味

旅人を装い、盗みを働く者、泥棒のこと。

使い方

●旅は道連れというし、親切な人だと思ったが、とんだ護摩の灰だった。

▼密教で、心に知恵の炎を燃やし、煩悩《ぼんのう》を焼き尽くす手法に護摩があります。護摩木を炎にくべて燃やし祈ります。あとに残った灰をお守りにしたりします。高野聖《こうやひじり》のなりをして、弘法大師空海の行った祈禱《きとう》の護摩の灰だといって押し売りをした者がいたことから、江戸時代に、人をだまして金品を巻き上げる坊主のことを「護摩の灰」といいました。それが転じて、旅人を装い道連れとなって、旅の客から金品を奪う泥棒のことをいうようになりました。

泥棒を表すことばには、「白波《しらなみ》」や「家尻切《いえじりぎ》り」、「梁上《りょうじょう》の君子《くんし》」などもあります。歌舞伎の「白波五人男」は盗賊物として有名です。これは、『伊勢《いせ》物語』の

風吹けば　沖つ白波　たつた山　夜半《よわ》にや君が　ひとり越ゆらん

（風が吹くと必ず沖に白波が立つように、立田山には追いはぎが出るといいます。その立田山をあなたはこの夜中に、ひとりで越えているのでしょうか）

の歌からきています。立田山に出る「白波」は盗賊です。

同じ意味で「護摩の蝿《はえ》」「胡麻《ごま》の蝿」という言い方がありますが、「護摩」を「胡麻」に「はい」を「はえ」に言い間違えたものであるとか、蝿は物にたかることから、言い換えたなどの説があります。

また、「ごまかす」にも、「護摩の灰に紛らかす」からとか、「胡麻菓子」から来たとする説があります。

類語　護摩の蝿・胡麻の蝿

盛者必衰（じょうしゃひっすい）

意味

勢いが盛んなものも必ず衰退するものであるということ。

使い方

● かつては日本を代表する企業も盛者必衰の理《ことわり》のとおり、今は外資系の企業に買収されてしまった。

▼「祇園精舎《ぎおんしょうじゃ》の鐘《かね》の声《こえ》　諸行無常《しょぎょうむじょう》の響《ひび》きあり　沙羅双樹《しゃらそうじゅ》の花《はな》の色《いろ》　盛者必衰の理《ことわり》をあらはす《わ》」（祇園精舎の鐘の音は、諸行無常の響きをたてる。釈迦《しゃか》が入滅なさった時に、白色に変わったという沙羅双樹の花の色は、盛者必衰の道理を表している）

と、『平家物語』は語り始めます。

平安時代には、護国思想や鎮護国家の必要性を強調する『仁王経《にんのうきょう》』を真言宗、天台宗はともに重要視し、この経典をもとに「仁王会《え》」などの法会を行いました。今でも京都・醍醐寺《だいごじ》

（真言宗）では、毎年二月二十三日に「五大力さん」として親しまれる「五大力尊仁王会」が営まれています。

現在の世界地図を眺めても、栄枯盛衰は世の常であることが身にしみます。今栄えている国々もいつか廃墟《はいきょ》となる日もあるでしょう。寿命という者はひとり生き物だけにあるのではなく、人の営みによってつくられたすべてのものにあることを忘れてはいけないのです。

出典　『仁王経《にんのうきょう》』の護国品《ごこくほん》にある「盛者必衰、実者必虚」（盛なる者は必ず衰え、実なる者は必ず虚《むな》し）よりといわれています。

類語　生者必滅《しょうじゃひつめつ》・有為転変《ういてんぺん》は世の習《なら》い

英語　All that's fair must fade.（美しいものは皆必ず衰える）

諸行無常（しょぎょうむじょう）

意味

この世の中のあらゆるものは、瞬時も止まることなく生滅変化してゆくこと。

使い方

●この世は諸行無常とはいうものの、惜しい人を失ったものだ。

▼『平家物語』の冒頭に語られる「祇園精舎《ぎおんしょうじゃ》の鐘の声、諸行無常の響きあり」の「鐘の声」は、釈迦《しゃか》が仏法を説いていた僧房にある無常堂という建物の四隅にある四つの鐘の音のことで、この鐘は僧が臨終を迎えるときに鳴り、その苦悩を除き浄土への導きになるものと伝えられています。

「諸行無常」は、仏教の大綱である「三法印」（諸行無常・諸法無我・涅槃寂静《ねはんじゃくじょう》）の一つ。『涅槃経』の聖行品《しょうぎょうぼん》に、古来、「無常偈《げ》」または「雪山偈」と呼ばれる偈（詩句）があります。

「諸行は無常にして、是《こ》れ生滅《しょうめつ》の法なり
生滅滅して已《お》わりて、寂滅《じゃくめつ》なるを楽《らく》と為《な》す」

いろは
にほへと
ちりぬるを
わかよたれそつねならむ

釈迦が前世において雪山（ヒマラヤ）で修行していたときに、羅刹《らせつ》（人食い鬼）から前半の二句を聞き感動し、自らの身を捨てて後半の二句を聞いたという故事の中の偈です。修行者が羅刹に身を投げ出したとたんに、羅刹は帝釈天《たいしゃくてん》となります。羅刹は実は帝釈天であって、修行者の道心を試すために羅刹に身を変えていたのです。

「いろはにほへと　ちりぬるを」で始まる「いろは歌」は今でも学校で習いますが、実はこの無常偈を今様歌にしたものといわれます。「我《わ》が世誰《たれ》ぞ常《つね》ならむ」は有為転変《ういてんぺん》のこの世では誰もいつまでも生きおおせることはないという世の習いを歌っているのです。

類語　有為転変・有為無常

袖《そで》振《ふ》り合《あ》うも多生《たしょう》の縁《えん》

意味

人と人との出会いは、たんなる偶然ではなく前世からの因縁だから、たいせつにしなくてはいけないということ。

使い方

●「このツアーにご参加いただきましてありがとうございます。袖振り合うも多生の縁といいます。みんなで楽しい旅をいたしましょう」

▼見知らぬ人とたまたま道で出あい袖と袖が触れ合うような偶然も、実は前世からの深い縁で結ばれていると考えます。「多生」は、何度も生まれかわることで、「五百生」ともいいます。現世とは別の世（前世）の意味で「他生」とも書きます。

法隆寺の宝物の一つに推古天皇所持と伝えられる「玉虫厨子《たまむしのずし》」があります。厨子の台座の側面には「捨身飼虎《しゃしんしこ》」や「施身聞偈《せしんもんげ》」などの釈尊の前世の物語（ジャータカ）が描かれています。「捨身飼虎図」の物語は以下のようです。釈尊が前世において大車という国の皇子であったとき、生まれて七日目の七頭の子虎をかかえて飢えに苦しんでいた虎の親に、我が身

を捧げる決意をしました。自ら服を脱ぎ身を横たえますが、虎は慈しみの心を感じて食べることができません。つぎに皇子は、高い所から飛び降りて自分の屍《しかばね》を虎に食べさせようとしますが、神々が皇子の身を受け止めて傷つくことができません。最後は皇子が自らを首切り血を流し、ようやく虎は皇子を食べるにいたるのです。これは、釈尊が仏になる修行の一つだったのです。

私たちは自分の前世での記憶を失っています。過去世において愛しく思い生まれ変わってもう一度会いたいと願った人に、今日電車で乗り合わせたり、道ですれ違ったりするかもしれません。

類語　袖すり合うも多生の縁・袖の振り合わせも五百生《ごひゃくしょう》の機縁《きえん》・躓《つまず》く石も縁の端《はし》

畜生《ちくしょう》にも菩提心《ぼだいしん》

意味

どんな生き物も仏の機縁でつながっているので、たいせつにしなくてはいけないということ。

使い方

●「畜生にも菩提心というから、生き物をたいせつにしなくてはいけないよ」

▼人を憎いと思うときや、悔しいとき、しゃくにさわるときに、「ちく（き）しょう」とか「こんちくしょう」といいます。「人でなし」の意味です。

「畜生」は人に飼育されている生き物、鳥や獣、虫や魚などをいいます。仏教では、六道（天・人間・修羅・畜生・餓鬼・地獄）輪廻《りんね》を説き、人も畜生に生まれ変わると考えます。

「畜生の浅ましさ」というと、犬や猫などが、ものの道理をわきまえないことで、人に向かって用いますと、心の卑しいことをいいます。いつも畜生が人からさげすまれ馬鹿にされる存在かといいますとそうでもありません。「畜生すらなお恩を忘れずして恩返報す」〈日本霊異記〉のように、恩義を忘れない畜生もいるのです。

ペットの葬儀のときに、「如是畜生発菩提心」（是《か》くの如《ごと》く畜生菩提心を発《おこ》す）と唱えたり墓碑に刻んだりしてペットの成仏を祈るようです。

これは、戒を説く『梵網経《ぼんもうきょう》』というお経に、「若見牛馬猪羊一切畜生。応心念口言。汝是畜生発菩提心」（若《も》し牛馬猪羊の一切の畜生を見れば、応《まさ》に心に念じて口に言うべし、「汝是畜生発菩提心」と）とあるのをより所としているようです。菩薩《ぼさつ》となる修行には、一見菩提心を持たないと思われる畜生にも、菩提心があると信じ、鳥や犬にも「菩提心を発《おこ》せ」と説いてまわりなさいというのです。

ペットの犬や猫や小鳥を見ながら、仏の心を考えてみましょう。

類語　一寸の虫にも五分の魂

不惜身命（ふしゃくしんみょう）

意味

道を修得するためには、自分の命を捧げることも惜しまないという態度や心構えのこと。

使い方

●「不惜身命、相撲道に精進いたします」

▼仏教では、仏道を修得するためにその身を惜しまないことをいいます。「信心のために命を捧げる」といいますが、本当にそのとおりに生きる人はまれです。
明治のキリスト教者内村鑑三は、日蓮《にちれん》こそ代表的日本人であり、日蓮ほど創造性と独立心を持つものはいないといいます。それは、キリスト教者にとって『聖書』が尊いように、日蓮にとっては『法華経《ほけきょう》』が尊いものであり、「我が奉ずる経のために死ぬことができるなら、命は惜しくない」とし、度重なる法難にも耐え抜いた点を英雄の中の英雄とまで称《たた》えます。
宮澤《みやざわ》賢治は、田中智学《ちがく》の講演に感銘して国柱会の信心会員となり、法華経の布教に身を投じます。その心は「雨にも負けず風にも負けず」の詩に現れています。この詩の書かれた手

帳には、「南無妙法蓮華経」の曼荼羅《まんだら》も書き添えられています。

国家のために「不惜身命」、命を投げ出すことが最高の美徳とされる時代がありました。今は信ずるもののない混迷の時代ともいわれます。わたしたちは本当に信ずべきものをじっくりと見定める必要があります。

出典

若人精進　常修慈心　不惜身命　乃可為説

「若《も》し人精進《しょうじん》して、常に慈心を修し、身命を惜しまざれば、乃《すなわ》ち為《ため》に説く可《べ》し」（もし精進努力して、常に他人を慈しむ心を修めて、そのために自分の身体も生命も惜しまないという人がいるならば、その人のためにこの（法華）経を説くべきである）〈『法華経』譬喩品《ひゆほん》第三〉

類語　不愛身命・一生懸命・一所懸命

煩悩即菩提（ぼんのうそくぼだい）

意味

悟りの実現を妨げる「煩悩」は、そのまま悟りの智慧《ちえ》である「菩提」であり、煩悩は悟りの縁となるということ。

使い方

●「牛を殺して食べるなんて残酷だとは思うけれど、煩悩即菩提というから、生き物の命を奪うときは供養の心を忘れずにしよう」

▼「煩悩」とは、日頃私たちの心の中には、邪《よこし》まなものが渦巻いて悪いことばかりを考え、どうにか捨て去らなくてはと思っているものでしょう。

「子煩悩」も、今では「イクメン（育児をする男性）」といわれ、いいお父さんですが、文字どおりですと、子への愛が悟りの妨げとなり、「執着《しゅうじゃく》」になっている人のことです。

仏教では、「煩悩」は、身体や心を悩ませ煩わせる心の動きを指します。その煩悩の根源的なものは、「貪《とん》（むさぼり）・瞋《じん》（いかり）・痴《ち》（仏法への無知）」の三毒です。

「菩提」は、そのいっさいの迷妄から解放された悟りの智慧をいいます。

伝教大師最澄《さいちょう》がひらいた天台宗は、中国隋《ずい》代の智顗《ちぎ》の教えをたいせつにしています。

智顗の教えは、「諸法実相」（この世の中に存在するものは、そのままが真理のあらわれである）であることを感得することにあります。そう感じられたときに悟りを得たとなるのです。智顗の説法をまとめたもののひとつに『法華玄義《ほっけげんぎ》』があり、「生死即《すなわ》ち涅槃《ねはん》を体す、名づけて定と為す。煩悩即ち菩提に達す、名づけて慧と為す」と説いています。

生死の苦しみはそのまま解脱《げだつ》の要因となります。そして迷いそのものの中に悟りがあると考えるのです。日常の生活、悩みや苦しみのある今この瞬間に心の静寂を見つけることが悟りへの道なのです。

類語　煩悩あれば菩提あり・生死即涅槃《しょうじそくねはん》

老少不定（ろうしょうふじょう）

意味

必ずしも老人が先に死に、若者があとまで生きるとは決まっていないこと。

使い方

● 老少不定とはいいますが、子が親より先に亡くなることぐらい悲しいことはありません。

▼ 夏目漱石《そうせき》は、『こころ』上・三十四で、先生と細君がどちらが先に死ぬかを語る場面を書きます。先生が「然《しか》しもしおれの方が先へ行くとするね。そうしたら御前何《ど》うする」と尋ねると「何うするつて……」と細君は困ったようすをしますが、気分を変えて、「何うするつて、仕方がないわ、ねえあなた。老少不定つていふ《う》位だから」と笑って答えるのです。

浄土真宗の蓮如《れんにょ》（室町時代）の「白骨の御文章」は法要のときなどによく唱えられる文章です。そこには「されば、朝《あした》には紅顔ありて夕《ゆうべ》には白骨となれる身なり」と無常（＝死）の到来の速さを語り、「人間の儚《はかな》き事は老少不定のさかいなれば」後生（＝来世）を願って、阿弥陀仏《あみだぶつ》を深く祈るべきだと結ばれています。漱石の心の中にもこの仏教の真理が刻まれて

いました。

『平家物語』（鎌倉時代）にも、白拍子《しらびょうし》の祇《ぎ》王《おう》が、この世は「年の若きをたのむべきにあらず。老少不定のさかひ《イ》なり。出《い》づる息の入るをも待つべからず」と、出家の決意を述べます。若いからといっていつまでも時間があると思っていてはいけない。人はいつまで生きられるかわからないから、吐き出す息をまた吸い込むほどの短い時間も待っていてはいけないというのです。

戦争や自然災害が繰り返されるこの世の中で、昔から人びとの心に繰り返される悲しみは「愛別離苦《あいべつりく》」（愛するものと別れる苦しみ）です。いくら老少不定が世の習いだとわかっていても。

類語　老少前後す・無常迅速《むじょうじんそく》・紅顔白骨

コラム3　動物のことわざ（五十音順）

井の中の蛙《かわず》大海を知らず　世間知らず。

馬の耳に念仏　どんなに注意してもまったく効果がないこと。

飼い犬に手を噛《か》まれる　かわいがってきた人に裏切られてひどい目に遭わされること。

蛙《かえる》の子は蛙　凡人の子はやっぱり凡人である。

狐《きつね》と狸《たぬき》の化かし合い　悪賢い者同士が互いにだまし合うこと。

窮《きゅう》鼠《そ》猫を噛む　追い込まれても必死になれば、弱い者が強い者に勝つこともある。

犬猿の仲　仲がとても悪いこと。

猿も木から落ちる　その道に優れていても、ときには失敗することもあるということ。

立つ鳥跡を濁さず　立ち去るとき、あとが見苦しくないように始末をすること。

鶴の一声　なかなか結論が出ないときに、偉い人の一言で即決すること。

虎《とら》の威を借《か》る狐《きつね》　他人の権力をかさに着て威張る人のこと。

猫に小判　価値のわからない人によいものを与えても役に立たずむだになる。

猫をかぶる　おとなしそうに見せかける。また、知っているのに知らないふりをする。

能ある鷹《たか》は爪を隠す　優れた能力の持ち主は、それをひけらかしたりはしない。

鳩《はと》に豆鉄砲　突然の出来事にびっくりしてきょとんとしているようす。

付録

後悔先に立たず

What is done cannot be undone.
（起きたことは元に戻せない）

郷に入っては郷に従え

When in Rome, do as the Romans do.
（ローマではローマ人のするようにせよ）

先んずれば人を制す

First come, first served.
（最初に来たものが、最初にもてなされる）

三人寄れば文殊《もんじゅ》の知恵

Two heads are better than one.
（一人よりも二人がよい）

親しき仲にも礼儀あり

Good fences make good neighbors.
（よい垣根はよい隣人をつくる）

過ぎたるは猶《なお》及ばざるが如し

Too much is as bad as too little.
（多過ぎは少な過ぎと同じくらい悪い）

船頭多くして船山に上る

Too many cooks spoil the broth.
（料理人が多過ぎるとスープがだめになる）

大は小を兼ねる

The greater embraces the less.
（より大きいものはより小さいものを包含する）

同じ意味を表す英語のことわざ
（５０音順）

雨降って地固まる

After a storm comes a calm.
（雨のあとには凪《なぎ》が来る）

急がば回れ

Make haste slowly.
（ゆっくり急げ）

一石二鳥

killing two birds with one stone
（一つの石で二羽の鳥を仕留める）

噂《うわさ》をすれば影

Talk of the devil and he is sure to appear.
（悪魔について話せば悪魔が現れる）

木を見て森を見ず

Some people cannot see the wood for the trees.
（木を見て森を見ることができない）

腐っても鯛《たい》

An old eagle is better than a young crow.
（若いカラスよりも老いた鷹《たか》）

光陰矢の如し

Time flies like an arrow.
（時間は矢のように飛ぶ）

火のない所に煙は立たぬ

Where there is smoke, there is fire.
(煙のある所には火がある)

百聞は一見に如《し》かず

A picture is worth a thousand words.
(一枚の絵は千のことばに匹敵する)

不言実行

Actions speak louder than words.
(行動はことばよりも雄弁に語る)

馬子にも衣装

Fine feathers make fine birds.
(りっぱな羽がりっぱな鳥を作る)

待てば海路の日和《ひより》あり

Everything comes to him who waits.
(待つ人のところへはどんなものもやってくる)

類は友を呼ぶ

Birds of a feather flock together.
(同じ種類の鳥は一か所に集まる)

論より証拠

The proof of the pudding is in the eating.
(プリンは食べないと味がわからない)

笑う門《かど》には福来《きた》る

Laugh and grow fat.
(笑って太れ)

塵《ちり》も積もれば山となる

Many a little makes a mickle.

（たくさんの少量が大量になる）

毒を以《もっ》て毒を制す

The smell of garlic takes away the smell of onions.

（にんにくの匂《にお》いで玉ねぎの匂いを消す）

隣の芝生は青く見える

The grass is always greener on the other side of the fence.

（塀の向こうの芝はいつだって青い）

点滴石を穿《うが》つ

Constant dripping wears away the stone.

（小さな滴でも絶えず落ち続ければ石を割る）

ない袖は振れぬ

A naked man cannot be stripped of clothes.

（裸の男は服を脱げない）

名は体を表す

Names and natures do often agree.

（名前と性質はしばしば一致する）

逃がした魚は大きい

The fish you lose is always biggest.

（逃げた魚はいつも一番大きい）

早起きは三文の得

The early bird catches the worm.

（早起きの鳥が餌《えさ》を得ることができる）

「主要出典解説」（五十音順）

易経《えききょう》	中国周代の経書（儒教の最も根本的な書物）。著者不明。四書五経の筆頭にあげられる儒教の経典。占いの書。
淮南子《えなんじ》	中国前漢時代の思想書。淮南王劉安《わいなんおうりゅうあん》の撰《せん》。道家思想をもとに周末以来の諸家の説を結集して編纂《へんさん》したもの。
おくのほそ道《みち》	江戸前期の俳諧《はいかい》紀行文。松尾芭蕉《ばしょう》の作。門人曾良《そら》を伴い奥州・北陸を旅した際の道中記。
偶成《ぐうせい》	「少年老い易く学成り難し　一寸の光陰軽んずべからず……」で知られる中国宋代の儒学者朱熹《しゅき》作の詩。
草枕《くさまくら》	夏目漱石《そうせき》の小説。明治三十九年発表。青年画家と謎《なぞ》めいた女性との交流を軸に、作者のいう非人情の世界を描いている。
源氏物語《げんじものがたり》	平安中期の物語。紫式部《しきぶ》の作。主人公光源氏の恋愛を中心とする宮廷生活のありさまを描く日本最古の長編小説。
呉越春秋《ごえつしゅんじゅう》	中国春秋時代の呉・越両国の歴史書。後漢の趙曄《ちょうよう》の著。前半が呉史、後半が越史で、両国の興亡を描いている。
古今和歌集《こきんわかしゅう》	平安前期の勅撰《ちょくせん》和歌集。紀貫之《きのつらゆき》・紀友則《きのとものり》・凡河内躬恒《おおしこうちのみつね》・壬生忠岑《みぶのただみね》らの撰。わが国最初の勅撰和歌集で、優美・繊細な歌風が特徴。

後撰和歌集《ごせんわかしゅう》	平安中期の勅撰和歌集。大中臣能宣《おおなかとみのよしのぶ》・清原元輔《きよはらのもとすけ》・源順《みなもとのしたごう》・紀時文《きのときぶみ》・坂上望城《さかのうえのもちき》の撰。「古今和歌集」に次ぐ第二勅撰和歌集。
古列女伝《これつじょでん》	中国の伝記。前漢の劉向《りゅうきょう》の撰とされる。中国の古来の女性たちの伝記を集めたもの。「列女伝」ともいう。
三国志《さんごくし》	中国魏《ぎ》・蜀《しょく》・呉《ご》三国の興亡を記した歴史書。晋《しん》の陳寿《ちんじゅ》の著。これをもとに明《みん》初に羅貫中《らかんちゅう》が小説『三国志演義』を著した。
三冊子《さんぞうし》	江戸中期の俳論書。服部土芳《はっとりとほう》の著。芭蕉晩年の主張や俳風を記したもの。
史記《しき》	中国前漢の歴史書。紀元前九〇年頃成立。司馬遷《しばせん》の著。上古の黄帝から漢の武帝に至る二千数百年間の通史。
詩経《しきょう》	中国最古の詩集。五経《ごきょう》の一つ。孔子《こうし》の編といわれるがはっきりしない。西周初期から春秋中期までの古詩を収録。
十八史略《じゅうはっしりゃく》	中国元初の歴史書。南宋末・元初の曾先之《そうせんし》の著。太古から宋末までの歴史を書いたもの。
侏儒の言葉《しゅじゅのことば》	芥川龍之介《あくたがわりゅうのすけ》の箴言《しんげん》集。大正十二年から芥川死後の昭和二年にかけて月刊誌「文藝春秋《ぶんげいしゅんじゅう》」に掲載。世の中や人生、芸術についての芥川の考え方を示したもの。
戦国策《せんごくさく》	古代中国の遊説家の弁論集。著者不明。前漢の劉向が宮中の蔵書を校定し名付けたという。
千載和歌集《せんざいわかしゅう》	平安末期の第七勅撰和歌集。藤原俊成《しゅんぜい》の撰。幽玄で余情に富む歌風が特徴。
西洋道中膝栗毛《せいようどうちゅうひざくりげ》	明治初期の滑稽《こっけい》小説。仮名垣魯文《かながきろぶん》の作。「東海道中膝栗毛」を模した作品で、初代弥次郎兵衛・北八と同名の孫がロンドン万博に行くというもの。

荘子《そうじ》	中国戦国時代の思想書。荘周（荘子《そうし》）とその後の人による著作。初期道家の根本思想を寓《ぐう》話《わ》を用いて説いたもの。
大智度論《だいちどろん》	インド大乗仏教の百科全書というべきもの。成立年未詳。龍樹《りゅうじゅ》の著とされる。インド中期仏教までの術語を詳説している。
太平記《たいへいき》	南北朝時代の軍記物語。小島法師の作といわれる。南北朝の争乱を、南朝に同情的な形で描いたもの。
長恨歌《ちょうごんか》	中国唐代の叙事詩。詩人白居易《はくきょい》（白楽天）の作。唐の玄宗《げんそう》皇帝が楊貴妃《ようきひ》を失った悲しみを歌ったもの。
枕中記《ちんちゅうき》	中国唐代の伝奇小説。沈既済《しんきさい》の作。邯鄲《かんたん》の青年盧生《ろせい》が、茶店で道士から枕を借りて昼寝をし、自分の生涯の夢を見て、栄達のはかなさを知る話。
徒然草《つれづれぐさ》	鎌倉《かまくら》末期の随筆集。兼好法師の作。自然・人生の諸事情を、無常観・懐古趣味を基調として記したもの。
二百十日《にひゃくとおか》	夏目漱石《そうせき》の小説。明治三十九年発表。阿蘇《あそ》の温泉旅行に来た男性二人の軽妙なやり取りを通して、俗な世相を痛烈に批判する姿を描いたもの。
白氏文集《はくしもんじゅう》	中国唐代の詩文集。中唐の詩人白居易（白楽天）が自らの詩文を編集したもの。
方丈記《ほうじょうき》	鎌倉初期の随筆。鴨長明《かものちょうめい》の作。世の無常を嘆いて隠遁《いんとん》し、日野山中で閑居する心境をつづったもの。

法華経《ほけきょう》	紀元前後にインドで成立したとされる大乗仏教の経典の一つ。天台宗・日蓮《にちれん》宗で中心となる経典。
坊《ぼ》っちゃん	夏目漱石の小説。明治三十九年作。若くて正義感の強い「坊っちゃん」の教師生活をユーモラスに描いたもの。
マクベス	劇作家シェイクスピア作の悲劇。一六〇六年頃の執筆。スコットランドの武将マクベスが、魔女や夫人にそそのかされて王や同僚を殺して奪い取った王位からやがて没落するまでの物語。
枕草子《まくらのそうし》	平安中期の随筆集。清少納言《せいしょうなごん》の作。一条天皇の皇后定子《ていし》に仕える女房である作者の宮廷生活における見聞を中心とした約三百段から成る随筆集。
文選《もんぜん》	中国南北朝時代の詩文集。梁《りょう》の昭明太子らの撰。周から梁まで約一千年間の詩文を編集したもの。
礼記《らいき》	中国漢代の経書。五経の一つ。前漢の戴聖《たいせい》の撰。周末から秦《しん》・漢代にかけての儒家の古礼に関する説を収録。
論語《ろんご》	中国の経書。紀元前二世紀頃完成。四書の一つ。孔子《こうし》の弟子曾子《そうし》らの編。孔子の言行、孔子と弟子たちとの問答などを編集したもの。

「主要人物解説」（五十音順）

芥川龍之介《あくたがわりゅうのすけ》	一八九二～一九二七　大正時代の小説家。歴史・説話に材を取った作品で独自の領域をひらいた。「鼻」「羅生門」「地獄変」「歯車」「トロッコ」など。
阿仏尼《あぶつに》	一二二二？～一二八三　鎌倉中期の女流歌人。藤原為家《ためいえ》の側室となり、夫の死後出家、阿仏尼と称す。「うたたねの記」「十六夜《いざよい》日記」のほかに、歌論書「夜の鶴《つる》」など。
井原西鶴《いはらさいかく》	一六四二～一六九三　江戸前期の俳人・浮世草子作者。人間生活の種々相を写実的に描いた。「好色一代男」「好色一代女」「日本永代蔵」「世間胸算用」など。
袁宏《えんこう》	三二八？～三七六？　中国東晋《とうしん》の文人・歴史家。「後漢記」などを編纂《へんさん》。
仮名垣魯文《かながきろぶん》	一八二九～一八九四　幕末・明治初期の戯作《げさく》者。明治初期の世相風俗を軽妙に描いた。「西洋道中膝栗毛《ひざくりげ》」「安愚楽鍋《あぐらなべ》」など。
鴨長明《かものちょうめい》	一一五五～一二一六　鎌倉初期の歌人・随筆家。出家して京都南郊の日野山にて随筆「方丈記」を書いた。ほかに説話集「発心《ほっしん》集」、歌論書「無《む》名抄《みょうしょう》」、家集「鴨長明集」など。
韓愈《かんゆ》	七六八～八二四　中国中唐の文学者・思想家・政治家。唐宋八大家の一人。詩文集に「昌《しょう》黎《れい》先生集」「昌黎先生外集」、作品に「雑説」「師説」など。
兼好法師《けんこうほうし》	一二八三？～一三五一？　鎌倉末期・南北朝時代の歌人・随筆家。俗名は卜部兼好《うらべのかねよし》。三十歳前後に出家して兼好《けんこう》と称した。随筆「徒然草《つれづれぐさ》」、家集「兼好法師家集」など。

孔子《こうし》	前五五一頃～前四七九　中国春秋時代の思想家。儒教の開祖。「論語」は孔子の言行を記録したもの。
シェイクスピア	一五六四～一六一六　イギリスの劇作家・詩人。作品に「ハムレット」「マクベス」「オセロ」「リア王」の四大悲劇、「ロミオとジュリエット」「ベニスの商人」「ヘンリー四世」「ジュリアス・シーザー」など。
司馬遷《しばせん》	前一四五～前八六　中国前漢の歴史家。二十年の歳月を費やして「史記」百三十巻を完成。
朱熹《しゅき》	一一三〇～一二〇〇　朱子。朱子学を完成。著書に「四書集註《ししょしっちゅう》」「資治通鑑《しじつがん》綱目」「近思録」「朱文公文集」「朱子語類」など。
菅原道真《すがわらのみちざね》	八四五～九〇三　平安前期の政治家・学者。後世、学問の神として広く信仰された。史書「三代実録」の撰《せん》に参与、詩文集に「菅家文草」「菅家後集」。
清少納言《せいしょうなごん》	九六六?～一〇二五?　平安中期の女流文学者。一条天皇の皇后定子《ていし》に仕えた。随筆「枕草子」を書き、紫式部と並び称された。
荘子《そうし》	生没年不詳。荘周。中国戦国時代の道家の思想家。老子と並び称される。著書に「荘子」。
曹植《そうしょく》	一九二～二三二　中国三国時代の詩人。唐の李白《りはく》・杜甫《とほ》以前の詩人の中で傑出した存在とされる。詩文集に「曹子建集」。
蘇軾《そしょく》	一〇三六～一一〇一　中国北宋の政治家・詩人。蘇東坡《そとうば》とも呼ばれる。唐宋八大家の一人。作品に「赤壁賦《せきへきのふ》」「春夜」など。
陶潜《とうせん》（淵明《えんめい》）	三六五～四二七　中国東晋《とうしん》・南朝宋の詩人。「帰去来辞《ききょらいのじ》」「桃花源記《とうかげんのき》」など。

杜牧《とぼく》	八〇三〜八五二（三） 中国晩唐の詩人。「江南の春」「山行」など。詩文集に「樊川《はんせん》文集」。
夏目漱石《なつめそうせき》	一八六七〜一九一六 明治・大正時代の小説家・俳人・英文学者。森鷗外《おうがい》と並び称される文豪。「吾輩《わがはい》は猫である」「坊っちゃん」「草枕《くさまくら》」「虞美人草《ぐびじんそう》」「三四郎」「門」「こころ」「明暗」など。
白居易《はくきょい》（楽天《らくてん》）	七七二〜八四六 中国中唐の詩人。「長恨歌《ちょうごんか》」「琵琶行《びわこう》」など。詩文集に「白氏文集《もんじゅう》」。
服部土芳《はっとりとほう》	一六五七〜一七三〇 江戸前・中期の俳人。松尾芭蕉の弟子で、伊賀蕉門の中心人物。俳論「三冊子《さんぞうし》」のほか、編著に「横日記」「蓑虫庵《みのむしあん》集」など。
藤原兼輔《ふじわらのかねすけ》	八七七〜九三三 平安前期の歌人。三十六歌仙の一人。堤中納言とも呼ばれる。家集に「兼輔集」、また「聖徳太子伝暦《でんりゃく》」の撰者とされる。
松尾芭蕉《まつおばしょう》	一六四四〜一六九四 江戸前期の俳人。俳諧を真の芸術に高めたといわれる。紀行文に「おくのほそ道」「更科《さらしな》紀行」「笈《おい》の小文《こぶみ》」、句集に「俳諧七部集」など。
紫式部《むらさきしきぶ》	九七八？〜一〇一四？ 平安中期の女流文学者。一条天皇の中宮彰子《しょうし》に仕えた。「源氏物語」「紫式部日記」のほか家集「紫式部集」がある。
孟子《もうし》	前三七二〜前二八九 孟軻《もうか》。中国戦国時代の思想家。孔子の説を継承発展させて「孟子」を著した。

山上宗二《やまのうえそうじ》	一五四四～一五九〇　安土桃山時代の茶人。千利休に茶を学び、豊臣秀吉に仕えたが、のち秀吉に処刑される。茶の湯秘伝書「山上宗二記」。
吉田松陰《よしだしょういん》	一八三〇～一八五九　幕末の志士・思想家。松下村塾を開き、高杉晋作・伊藤博文らに教えるが、安政の大獄で刑死。
李白《りはく》	七〇一～七六二　中国盛唐の詩人。同時代の杜甫《とほ》と並んで詩仙と仰がれる。「秋浦歌」「早発白帝城」「静夜思」など。詩文集に「李太白《たいはく》集」。
呂尚《りょしょう》	生没年不詳。紀元前一一世紀頃、中国周代の政治家。渭水《いすい》で釣りをしていて周の文王に見いだされ、太公望と呼ばれた。兵書「六韜《りくとう》」の著者ともいわれる。
老子《ろうし》	生没年不詳。老聃《ろうたん》。中国春秋戦国時代の思想家。道家の祖。「老子」の著者とされる。

五十音索引

あ行

か行

さ行

た行

な行

は行

ま行

や行

ら・わ行

主な参考図書（太字は叢書）

ことわざの読本　一九九五年　小学館ライブラリー／四字熟語の読本　一九九六年　小学館ライブラリー／ことわざの力　村瀬学著　一九九七年　洋泉社／故事成語でたどる楽しい中国史　井波律子著　二〇〇四年　岩波ジュニア新書／四字熟語の中国史　冨谷至著　二〇一二年　岩波新書／中国古典の名言録　守屋洋・守屋淳著　二〇〇一年　東洋経済新報社／中国故事物語　処世の巻　駒田信二・寺尾善雄著　一九八三年　河出文庫／中国故事物語　教養の巻　駒田信二・寺尾善雄著　一九八三年　河出文庫／中国故事物語　愛情の巻　駒田信二・寺尾善雄著　一九八三年　河出文庫

新　古典文学大系　一九八八年～二〇〇五年　岩波書店／**新編　日本古典文学全集**　一九九四年～二〇〇二年　小学館／**漢文名作選**　**第1集・第2集**　一九八四年・一九九九年　大修館書店／**角川ソフィア文庫　ビギナーズ・クラシックス　中国の古典**

カラー図説　日本大歳時記　座右版　水原秋桜子監修　一九八三年　講談社／漢詩鑑賞辞典　石川忠久編　二〇〇九年　講談社学術文庫／中国古典名言辞典　諸橋轍次著　一九七九年　講談社学術文庫

成語林　故事ことわざ慣用句　一九九二年　旺文社／故事ことわざの辞典　一九八六年　小学館／大修館　四字熟語辞典　二〇〇四年／現代に生きる　故事ことわざ辞典　宮腰賢編　一九九九年　旺文社／明鏡　ことわざ成句使い方辞典　北原保雄編著・加藤博康著　二〇〇七年　大修館書店

広辞苑　第六版　二〇〇八年　岩波書店／日本国語大辞典　第二版　二〇〇三年　小学館／新漢語林　第二版　二〇一一年　大修館書店／諸橋大漢和辞典　二〇〇〇年　大修館書店／旺文社国語辞典　第十一版　二〇一三年／明鏡　国語辞典　第二版　二〇一〇年　大修館書店

日本語誤用・慣用小辞典　国広哲弥著　一九九一年　講談社現代新書／日本語誤用・慣用小辞典〈続〉　国広哲弥著　一九九五年　講談社現代新書

著者紹介

中村　博英（なかむら・ひろひで）

河合塾講師。予備校で主に古典（古文・漢文）を担当。予備校以外にも高校・大学など多くの学校で、国語や小論文、時事問題などの講座を持つ。大学ではリメディアル講座や教員採用試験対策講座などを担当している。1962年、千葉県生まれ。早稲田大学在学中から塾、予備校の教壇に立つ。東京都内の私立高校の教壇に立ちながら予備校講師を続ける。大学入試問題の解答・解説や受験雑誌の連載なども手がける。趣味はスポーツ観戦と史跡めぐりの旅。

目からうろこ！ 会話に役立つ 故事 ことわざ 四字熟語

2017年　2月25日　初版第1刷発行
2018年　7月15日　第2刷発行

著　者	中村博英
編集協力	株式会社 ことば舎
発行者	竹下晴信
発行所	株式会社 評論社 〒162-0815　東京都新宿区筑土八幡町2番21号 ☎ 03-3260-9401
イラスト	山口佳子
装幀・DTP	株式会社 エスアンドピー
印刷・製本	中央精版印刷株式会社

ISBN 978-4-566-05178-2 C0081